KB178664

주식 멘탈투자

주식 멘탈투자

2020년　　　2020년 10월 12일

지은이　　송동근
펴낸이　　김남길
펴낸곳　　프레너미
등록번호　제386-251002015000054호
등록일자　2015년 6월 22일
주소　　　경기도 부천시 소향로 181, 101동 704호
전화　　　070-8817-5359
팩스　　　02-6919-1444

프레너미는 친구를 뜻하는 "프렌드(friend)"와 적(敵)을 의미하는 "에너미(enemy)"를 결합해 만든 말입니다.
급변하는 세상속에서 저자, 출판사 그리고 콘텐츠를 만들고 소비하는 모든 주체가
서로 협업하고 공유하고 경쟁해야 한다는 뜻을 가지고 있습니다.
프레너미는 독자를 위한 책, 독자가 원하는 책, 독자가 읽으면 유익한 책을 만듭니다.
프레너미는 독자 여러분의 책에 관한 제안, 의견, 원고를 소중히 생각합니다.
다양한 제안이나 원고를 책으로 엮기 원하시는 분은 frenemy01@naver.com으로 보내주세요.
원고가 책으로 엮이고 독자에게 알려져 빛날 수 있게 되기를 희망합니다

시장과 군중의 투자심리를 이기는 법

주식 멘탈 투자

송동근 지음

프레너미
PREMEMY PUBLISHING

CONTENTS

[1장]

투자에 관심 없던 사람이 상투를 잡는다

[2장]
나의 투자심리 –
강세장의 투자심리

[3장]

나의 투자심리–
약세장의 투자심리

[4장]

당신들의 투자심리-
숲을 보면 돈이 느껴진다

[5장]

주식투자 그 유혹과 함정

[6장]

사업에 성공하는 사람이
투자에도 성공한다

주식의 흐름은
인간의 심리가 만들어낸 궤적이다

투자자들은 기본적으로 시장에 대한 믿음과 긍정적인 투자 시각을 가지고 있어야 한다. 시장이 폭락을 하면 주식시장이 영원히 무너지는 것으로 생각해서는 투자에 성공할 확률은 거의 없다. 투자 시장은 항상 있어 왔고 그것은 계속될 것이기 때문이다. 그동안 많은 투자자들이 시장이 폭락할 때 떠나갔고 그래서 결국 새로운 기회를 놓치기도 했다.

투자에 관한 서적은 많이 있다. 그 주제는 다양한데 그 중에 국내외 주식시장이나 부동산 시장 전반에 관한 것, 어떤 상품이나 주식 또는 투자 대상에 관한 것을 상세히 설명한 책 또한 어떻게 투자를 하면 성공하는 투자가 되는 비법이나 노하우에 관한 책 그리고 저명한 투자자의 투자 원칙 같은 책과 그들의 투자관 같은 내용과 미래의 인생에 대비하는 투자 계획에 관한 내용 등이 많이 있다. 대부분의 책들이 투자 대상인 시장이나 상품 혹은 전략에 대한 것이라면, 이 책은 투자에 임하는 나 자신에 대한 책이다.

이 책에서 주식투자와 펀드투자는 거의 동일한 의미로 간주했다. 기술적으로 다른 면이 많지만 전반적인 주식시장에서의 투자를 다뤘기 때문에 혼용해서 생각을 해도 큰 차이는 없을 것으로 생각했다. 그리고 보다 큰 의미에서 부동산투자나 실물투자도 근본적으로 같은 투자라는 점에서 이 책이 설명하는 투자 심리나 투자 원리가 적용이 가능한 개념으로 보면 될 것 같다.

투자는 '나'라고 하는 투자자와 '시장'이라는 투자 대상이 있어야 성립된다. 이미 투자 대상에 대한 콘텐츠는 시장에 좋은 내용이 많이 나와 있지만 투자자로서의 나 자신에 대한 내용은 많지 않다. 그래서 이 책을 통해 투자자로서의 마인드를 키우고 나를 잘 이해하며 내가 투자를 하며 느끼게 되는 것들, 내가 생각하게 되는 것들 그리고 나의 생각이 변화하는 것을 잘 이해해서 나머지 반쪽인 투자 대상을 바르게 보는 계기가 되었으면 하는 뜻에서 이 책을 쓰게 되었다.

사실 이 투자심리는 투자를 할뿐 아니라 사업을 할 때에도 매우 중요하다. 정신력으로 잘 버텨야 되는 것도 중요하지만 그보다 더 중요한 것은 상황 변화에 따라 변하는 마음의 상태를 스스로 알고 붙잡는 것이다. 욕심이 생기고 후회를 하고 공포를 느끼고 좌절을 하고 공격적이 되고 보수적이 되고 자신감을 갖고 그것을 잃어 아무 것도 할 수 없는 상태가 되는 것, 이것이 투자에서 생기는 심리이고 투자를 어렵게 하는 것이다.

"그것은 다 주관적인 것 아닙니까?"

물론 주관적인 것이다. 문제는 그 주관적인 것을 인간인 이상 배제할 수가 없다는 것이다. 다만, 최선을 다해 최소화해서 객관적인 시각을 견지하는 것. 그래서 우리의 투자에 영향을 되도록 덜 미치게 하는 것이다.

따라서 이 책에서는 투자를 하는 사람을 위한 심리적인 요소와 시장에 참여하는 다른 사람들의 심리 등에 초점을 맞추어 볼까 한다. 어차피 경제나 투자나 다 인간의 심리가 만들어 내는 궤적이 아닐까?

우리나라 20대, 30대 초반의 독자라면 아직 어디에 투자한다는 것에 대해 확실하게 생각해 본 적이 없을 것이다. 당연히 투자할 종자돈을 가지기 전까지는 해 본 적도 없고 생각이 미치지 않는 분야이다. 그리고 그 전에 투자 방법을 누군가가 가르쳐 준 일도 없다. 이는 우리의 경제 교육이 거기까지 신경을 써 주고 있지 않기 때문이다. 대부분의 사람들은 목돈을 처음 쥐고 나서 투자를 시작할 때까지는 거의 다 완전 초보라는 점이다. 그렇기 때문에 투자를 하면서 배우게 되는데 투자의 정규교육을 받지 못했으니 가는 길은 험한 길과 쓰라린 시행착오 또, 고통스럽게 왔던 길을 되돌아가는 피곤한 투자의 여행을 하게 되는 것을 본다.

그럼에도 나는 투자는 우리가 인생을 살고 경제활동을 하며 경험하는 것 중 최고의 백미라고 생각한다. 젊은 층들은 사회생활을 시작하며 월급에서 일정 부분을 은행의 정기적금을 들거나 적립식 펀드에 투자를 하여 목돈을 만들게 된다. 또 그 모인 돈으로는 나중에 본격적으로 투자를 하기도 하지만 누구나 목돈을 모으지 못할 뿐 아니라 그렇게 모은 돈으로 투자를 알고 제대로 하기에는 기술이나 지식 그리고 경험 면에서 준비되어 있지 않은 것 같다.

이는 마치 자동차 운전을 배우려는 사람이 사전의 지식이나 연습 없이 바로 도로에서 주행하려는 것만큼이나 위험천만한 일이다. 주행 교습도 받지 않고 면허증도 없는 사람이 운 좋게 사고 없이 첫 주행을 마치면 다행이라 하겠지만 대부분의 교육받지 않은 무면허 운전자들은 결국 사소한 접촉사고부터 크고 작은 사고를 내게 마련이다. 어쩌면 당연한 일인지도 모른다. 개중에 운 좋게 첫 주행을 마친 운전자는 막연한 자신감만 잔뜩 키워 나중에는 더 큰 문제를 만들지도 모른다.

대부분 사람들은 이런 식으로 투자를 시작하며 시행착오와 더불어 평생의 희로애락을 겪는다. 그런 자신만의 제한적인 경험들이 결국에는 자신의 투자인생에 긍정적이든 부정적이든 지대한 영향을 주게 되는데 그들의 투자는 결국 경험과 기억력에 의존하게 된다. 미래의 판단도 과거 자신만의 경험과 주위의 단편적인 조언으로만 하게 되는

데 더 아쉬운 것은 그마저 경험이나 조언도 못 살리는 투자자들이 너무 많다는 점이다.

투자를 하는 사람들은 투자 시장의 유혹과 공포, 또 이로 인한 심적 갈등에 휩쓸리게 된다. 투자가 잘 될 때에는 자신의 능력을 과신하기도 하고 투자가 잘 되지 않을 때에는 스스로에 대해 어리석음을 느끼기도 한다. 이렇게 투자를 하면 이는 결국 시장의 다른 수백만의 투자자들과 별로 다를 바 없이 시장이 오르면 똑같이 벌다가 시장이 나빠지면 똑같이 그동안 번 것을 손해 보는 상황을 연출한다. 이래서는 성공적인 투자를 기대할 수 없다. 과거의 주식이나 부동산 등의 시장을 장기적으로 살펴보면 결국에는 올랐다는 것을 알 수 있는데 좋았던 이 시장에서 성공한 사람보다 손해를 보고 고통을 겪는 이가 훨씬 많은 이유는 무엇일까?

"주식으로 큰 손해를 봐서……"

"지방에 사둔 부동산에 돈이 묶여……"

"펀드에 들어갔다가 실패해서……" 등등.

단 한 번의 실패도 그것은 너무 쓰라린 기억이 되고 그 이후의 모든 투자생활의 악순환을 가져온다. 실패에서 배운다고 하지만 시행착오를 계속 겪으며 하기에 그 비용은 만만치 않다.

이 책은 앞서 얘기한 초보 투자자 내지 투자 공부를 혼자 한 이들에게 여러 투자 경험을 시뮬레이션 하는 장이 되었으면 하는 바람에서 쓰게 되었다. 투자의 기술적인 면과 정보와 같은 좋은 이슈들도 포함되지만, 이 책에서는 투자를 하며 우리가 경험하게 될 심리적인 면과 다른 참여자들의 행동을 이해하는 데에 초점을 맞춘다. 이런 것들을 풀어가기 위해 과거의 사례를 찾아보고 그것을 통해 간접 경험도 얻을 것이다. 결국 무언가를 배우는 방법에는 읽고 외워 습득하는 것도 있지만 간접적이나마 경험하고 느끼고 그것을 체화하는 것이 더 낫지 않을까 한다.

2020 가을

나만의 투자 원칙 다섯 가지

본문을 시작하기 앞서 투자에 대한 생각 중에 꼭 짚고 넘어가야 할 것이 있다. 투자라는 것은 경제활동을 하는 대다수의 사람들에게는 인생의 필수과목이라 할 수 있다. 투자의 대상도 크게 나누면 주식과 부동산이고 그 이외의 약간의 실물 투자는 선택의 폭이 거의 제한적이다. 이것을 보면 사람들에게 투자는 하고 싶어서 하고, 하기 싫어서 안하는 그런 선택의 대상은 이미 아닌 것 같다. 투자를 잠시 쉬고 있는 때도 있겠지만 그때는 다시 투자를 개시할 타이밍을 보고 있는 상태고, 이때에도 투자를 하고 있는 때만큼 지속적인 관심을 가져야 한다고 생각한다.

투자 시장은 과거 미국의 예를 보면 30년대 대공황과 1973년 오일쇼크, 1987년 블랙먼데이, 2001년의 9·11사태, 2008년의 글로벌금융위기 등의 큰 위기를 거치면서도 발전했고, 국내에서도 1978년 건설주 파동, 1990년 깡통계좌 정리와 1997년 IMF 금융 위기 등을 겪으면서도 굳건히 존재해 왔다. 아마도 최근의 코로나19사태도 거뜬히 딛고 일어나는데 이견이 없을 것이다. 투자 시장은 앞으로도 여전히 이런 위기를 넘길 것이고 그때까지 살아남은 투자자에게 또다시 무한한 수익을 주게 될 것이다. 이것은 변하지 않을 것이다.

이 책에는 여기에서만 제시하는 고유한 투자비법이라는 것은 없다. 하지만 이 책을 통해 여러분들이 평소에 들어 알고 있거나 다른 책을 통해 배운 투자의 지식과 원리를 주관적인 영향을 받지 않고 투자에 사용할 수 있을 것이다. 그리고 이 책에는 투자뿐 아니라 일반 사업 혹은, 큰 기업을 경영할 때에 일어날 수 있는 생각의 오류를 알아내고 미리 방지하는 그런 일반적인 사고의 방법들이 담겨 있다. 그리고 그 생각의 사례를 통해 비교적 사실적으로 그 상황을 시뮬레이션 하는 경험도 함께 갖게 될 것이다. 이로써 여러분의 미래 투자의 시행착오를 줄이고 그 비용을 줄이는 데에 도움이 되지 않을까 생각한다.

투자의 원칙은 이미 시장에 나와 있는 것으로도 충분하다. 투자의 대가들도 투자 결정을 할 때 남들보다 더 기발한 방법을 가지고 있어서 잘 할 수 있는 것은 아니다. 다만, 그들이 장기간의 경험으로부터 터득하거나 실제로 검증한 투자의 원칙을 그대로 고수하는 것이 차이가 아닐까. 그 투자의 원칙도 자세히 들여다보면 상식적인 선에서 크게 벗어나지는 않는다. 우리 투자자들도 고수할 만한 것이라면 사용해볼 수 있을 정도로 그 방법은 널리 알려져 있는 것이 많다. 그 방법은 그다지 비밀스럽거나 독특한 것도 아니고 투자론 교과서같이 일반적인 것들이 많다.

그러나 너무 일반적이어서 놓치기 쉬운 투자 원칙과 방법들을 다시 한번 짚어 보자면 우선, 모든 투자에는 그 투자의 목적이 있어야 된다는 것이다. 이 말은 비단 투자뿐 만 아니라 다른 모든 일에도 그 일을 해야 하는 목적이 있어야 되니까 당연한 것이다. 하지만 거의 대부분의 투자자들은 목적 없이 투자에 뛰어들곤 하는데 그러다 보니 중간에 목표 없이 표류를 하기도 하고 정처 없이 떠돌다 위험을 자초한다. 투자의 목적은 반드시 한정적이고 현실적이어야 한다. 그러나 만약, 투자의 목적을 꼭 집어서 말하기 어려운 사람은 어떻게 할까? 그럴 경우는 투자에 대한 중간 과정에 대한 평가를 어떻게 할 수 있을지를 스스로에게 자문하여 만들어 보는 것도 방법이 된다. 중간의 기준지수 대비 성과 혹은, 절대 금액 아니면 과정 목표로 본인만의 판단 혹은 검증 등을 증명하는 것들이 다 가능한 목표이다.

둘째, 투자를 하며 사람들은 자신의 감정이나 주관을 되도록 배제해서 생각하고 판단을 내려야 한다. 그러나 투자라는 활동은 인간의 속성상 어쩔 수 없이 어느 정도의 욕심과 두려움의 심리 게임이 되기 마련이다. 그렇기 때문에 이를 최대한 배제해서 객관적인 시각을 계속 유지하는 것이 중요한 투자의 원칙이 된다. 투자를 하는 것은 여행을 하는 것과 같이 시간이 걸리고 그 긴 여행을 하는 동안 시시각각으로 변하는 나의 마음을 내 스스로 알아 차려 매번 초심을 잃지 않는 현명한 결정을 내려야 하는 것이다. 그러기 위해 해볼 수 있는 것은 어떤 것이 있을까? 우선, 되도록이면 시장 상황이나 나의 투자 방향을 예단하지 말고 객관적으로 이미 검증하고 만들어 놓은 전략에 충실한 것이 좋은 방법이다. 사람들은 자신의 판단을 정하면서부터 세상과 동떨어진 행동을 하곤 하기 때문이다. 이런 대다수의 사람들이 만들어 내는 생각의 공통된 착오를 집어 내기 위해 주위를 많이 둘러보는 마인드를 키우는 것도 투자할 때 이용해 볼 수 있는 좋은 방법이다. 또한, 투자가 원활할 때와 그렇지 못할 때 나 자신의 감정의 기복과 생각의 차이를 읽어 내야 한다.

셋째, 위에서도 말했지만 투자란 그것을 하고 있을 때만 신경 쓰는 것이 아니라 평소 생활에서도 투자에 대한 마인드를 가지는 생활 속의 투자가 되는 것이 좋다. 그래서 투자를 할 때나 하지 않고 있을 때나 거의 동일하게 투자 시장이나 경기 변동에 대해 관심을 갖는 것이 기본적인 투자자의 자세, 경제인의 태도라고 생각한다. 우리들이 생활하는 이 세상에 이미 미래의 성공적인 투자의 답이 있다고 해도 과언이 아니므로 세계경제의 흐름을 항상 관심 있게 지켜보는 것이 기본이어야 한다. 다만, 자신만의 논리뿐 아니라 타인의 입장에서도 이 정보들을 검증해 보는 것이 안전하며 대부분의 정보나 예측 경제 수치를 단기보다는 거시적인 흐름으로 보는 습관을 들여 보자.

넷째, 위험 없는 투자 수익은 없기에 투자에는 당연히 위험이 따른다는 것이다. 따라서 그 위험을 알고 그것을 관리하는 것은 투자의 성패를 좌우하는 중요한 과제이다. 사람들은 위험이 없고 수익이 많은 것을 추구하지만 이 조건을 충족하는 투자 대상은 그 어디에도 없다. 따라서 내가 감당할 만한 적당한 위험을 미리 정하는 것과 그에 상응하는 적당한 수익의 기대치를 가지고 투자에 임하는 것이 투자의 중요한 원칙이 된다. 그리고 위험 역시 이를 감당하는 기분에 따라, 그리고 수익의 유무에 따라 좌우될 수 있으므로 사전에 이를 미리 감지하고 저지하여 원래 계획한 자신만의 위험 감내도 내에서 투자를 계속하는 지구력을 키우는 것이 필요하다. 어떤 이유이든지 흥분되거나 자신의 투자 능력을 과신하거나 시장을 두려워할 때에는 반드시 전에 자신이 만든 규칙을 다시 점검하고 그것을 고수해 보는 것이 그 방법이다.

다섯째 나만의 투자 대상의 현실적인 기준을 만드는 것이다. 이는 나만의 어떤 투자 대상의 적합한 조건을 만들어 보거나 혹은 다른 전문가나 대가의 방법을 내 것으로 만들어 그대로 따라 해도 상관없다. 하지만 어느 정도 신뢰가 갈 정도로 중장기 동안 검증이 되어야 시장이 불안하거나 광분할 때에도 신뢰를 할 수 있다. 이런 기준의 예는 이미 시중에 많이 나와 있다. 예를 들면, 시장 지배력이 있는 기업위주로 투자한다든지, EPS(주당순이익)가 증가하는 기업, PER(주가수익비율)가 역대 평균 이하일 때, 혹은 그 기업의 PBR(주가순자산배율)의 최저 범위에서만 투자하는 것도 한 기준이 될 수 있다. 또, 투자 시의 일개 기업의 부도 리스크와 조사의 어려움에서 벗어나 지수에만 투자하는 펀드나 ETF(지수펀드) 등에만 투자하는 것도 하나의 좋은 기준이 된다. 급등한 주식도 고점에서 10퍼센트 하락할 때에 고점에 대한 미련을 두지 않고 매도한다든가 매입한 지 기간이 얼마 안 되어도 손실중지선$^{stop loss}$을 정해서 그대로 실천하는 것, 시장이 지나치게 올랐거나 내렸을 때에 기술적인 매매의 규칙 등도 이 기준의 예인데 이런 전략들은 투자자 스스로가 만들 정도가 되면 그것이 최고로 좋다.

특히, 이 원칙은 위의 둘째 원칙인 자신의 감정이나 주관이 철저하게 배제된 상태에서 적용되는 것이 중요한데 실제로는 이것을 실천하는 것이 제일 어렵다고 볼 수 있다. 예를 들어 적립식 펀드의 전략은 시장의 타이밍을 보지 않고 기간적으로 분산하여 위험을 낮추려는 것이다. 그래서 오르면 따라 사고 싶고, 내리면 따라 팔고 싶은 개인 투자자의 심리에 상관없이 항상 투자를 해서 수익을 더 높여 보려는 전략일 수 있다. 하지만 실제로 주가가 떨어지면 자동이체를 중지하고 주가가 급등하면 불입을 잘하는 것을 보면 이것의 실천이 얼마나 어려운지를 보여준다.

이상 다섯 가지의 투자 원칙을 종합하자면 변화하는 시장 상황에서 나와 시장 참여자의 투자 심리를 알고 상황에 휘둘리지 않는 투자가 되게 하는 것이 투자의 핵심 메시지이다.

1장 _____

투자에 관심 없던 사람이
상투를 잡는다

투자에 관심 없던 사람이 상투를 잡는다

투자의 세계에서 가장 손해를 보기 쉬운 위험한 부류의 사람들은 누구일까? 좀 엉뚱하게 들릴지 모르지만 답은 '지금 투자를 하고 있지 않은 사람'이다. 지금 투자를 하지 않고 있는 사람이 가장 위험하다.

투자를 하지도 않는데 왜 위험할까? 그 이유는 다음과 같다. 먼저 투자에 관심이 없는 사람은 누구일까 생각해 보자. 대부분 투자할 자산이 없는 사람일 것이다. 이 사람들은 투자할 돈이 없으니 당연히 투자에 관심이 없다. 따라서 투자 시장이 어떻게 변하고 있는지 그것이 자신에게 어떤 영향을 미치는지도 모르니 평소에 투자에 대한 마인드를 전혀 키우지 못하고 있을 것이다. 또 자산이 있는데도 투자에 관심이 없는 사람도 있을 수 있다. 이런 사람도 위험하긴 마찬가지다.

돈이 없는데 왜 투자에 대해 관심을 가져야 할까?

이런 이유로 투자 시장에 무관심한 것은 당연할 수 있지만 이들은 관심을 가질 타이밍의 큰 상승장에서 소외될 가능성이 많은데 뒤늦은 관심으로 인해 오히려 나중에 위험해질 가능성도 있다. 돈이 없으니 상관 않겠지만 나중에 "주위에서 다들 부동산으로 벌었다는데 나만 못 버는 건가?" 하고 뒤늦게 시장에 들어올 가능성이 있기 때문이다.

"돈이 없는데 그거 연구하면 무슨 소용이 있겠어?"

"투자할 돈이 어디 있어?"

그렇지만 투자를 해서 돈 벌 기회가 보이면 담보가 없는 사람에게도 빌려주는 곳은 주변에 많이 있다. 대출 금융기관도 있고 주식을 살 때 빌려주는 신용제도도 있다. 또 주변의 친척이나 친구들로부터 빌릴 수는 있다. 그러나 정보에 어두운 이들의 귀에까지 시장의 활황이 전해진 때는 안타깝게도 이미 너무 많이 올라버린 상황이 될 가능성이 많다. 이 사람들은 투자에 관심이 없던 층이기 때문이다. 사실 투자할 자산이 있는 사람은 일상적으로 투자거리에 대한 연구를 많이 하게 된다. 투자 설명회에도 가고 전문가들의 조언도 얻고 경제 신문도 보고 어떻게든지 투자를 성공시켜 보려고 고민한다. 반면 투자할 자산이 없는 사람은 투자에 당연히 관심을 가질 이유가 없고 따라서 정보를 구하지 않는다. 정보를 구하지 않는다는 것은 곧 지기기 매일 이용히는 지하철역의 역세권부동산이 어떻게 변하는지, 젠트리피케이션이 어떻게 일어나고 있는지, 오피스텔의 수급이 어떤지, 같은 건물에 있는 회사가 상장이 되었는지, 그 주식의 시세가 어떤지 그런 것들은 나와는 상관없는 일인 것이다. 이런 부류의 사람들에게 투자에 관심을 가지라고 얘기하면 단 한마디의 답을 얻게 된다.

"그렇게 복잡하게 살고 싶지 않아요."

미래에 나의 자산이 늘거나 주는 것은 결국 현재 내가 가지고 있는 정보의 양과 투자에 대한 관심에 달려 있다는 것을 알아야 된다.

"난 회사일이 바빠서…… 알아볼 시간이 있어야지."

"공부해 보려 해도 어려워서."

"관심 없어요."

관심이 없으면 끝까지 관심 없으면 좋겠다. 시간이 지나 주식이나 펀드 또는 부동산 값이 많이 올라 사람들의 입에 오르내리기 시작해도 그것은 그때까지는 남의 일이다. 그러나 그대로 남의 일로만 될까? 그 강력한 투자의 유혹은 지금까지 관심이 없었던 나를 가만히 놔두지 않는다.

그리하여,

"어? 누구도 거기서 많이 벌었다는데 나만 못 벌고 있는 거 아니야?"

"올림픽까지는 문제없다는 거지."

"IT로 온 세상이 바뀌는 거예요. 그동안의 경제 이론이 송두리째 바뀌어야 됩니다."

결국,

"아직 ○○펀드 사도 되요?"

"○○주식 사도 늦지 않아요?"

"○○오피스텔 투자 괜찮습니까?"

하고는 뒤늦게 돈을 빌려서 뛰어든다. 그렇게 해서 잠시 이익을 볼 수도 있다. 그러나 시간이 지나서 돌이켜 보면 투자의 결정이 너무 늦었던 것을 알게 된다.

투자할 돈이 없어요

　돈이 없는 경우라면 아직 사회생활을 하지 않아서 목돈을 만들지 않은 상태거나 정말 돈이 없거나, 혹은 투자로 손해를 봐서 돈이 없는 경우거나, 생활비가 많이 들어 목돈을 만들 수가 없는 상태 등인데, 주로 앞의 두 경우에 해당되겠다.

　돈이 없으면 투자든 재테크든, 뭐라고 부르든지 그야말로 남의 일이다. 투자 대상인 주식·펀드·부동산에 관심을 가져보려고 하면 당장 발등의 불이 아니기에 이해하기 어렵게 느껴진다. 당장 절실하지 않기 때문이다. 그래도 관심을 가져 보라고, 그래야 미래에 쓸 돈을 모을 수 있다고 얘기하고 싶다. 하지만 그것은 마치 어린 학생한테 열심히 공부해야 장차 출세하고 훌륭한 사람이 된다고 얘기하는 것만큼이나 막연한 것 같다. 그런 얘기로 아이의 공부에 동기부여가 된다면 이 세상 부모들은 자녀 키우기 너무 쉬울 것이다.

하지만 투자할 자산이 없고, 그러니 그것에 관심이 없고, 따라서 아는 것도 없다 하더라도 이 세상은 이미 사회생활을 하고 있는 성인을 그냥 내버려 두지 않는다. 지금 돈이 없다 해도 돈을 구할 능력마저 없다는 뜻은 아니기 때문이다. 웬만한 샐러리맨이라면 손쉽게 할 수 있는 신용대출도 있고, 증권사에서 주식을 살 때 자동으로 빌려주는 신용도 있고, 마이너스통장이나 카드 대출 그리고 전세를 끼고 주택을 사는 방법, 하다못해 부모형제나 친구한테서 돈을 꾸는 방법까지 다양하다.

문제는 주위에서 누가 재테크 해서 많이 벌었다더라, 누구누구는 어디서 얼마를 벌었다는 등의 얘기를 들으면 웬만한 사람들은 그 흐름에서 자신만 아무것도 안하고 있지 않나 하는 불안감이 생기게 된다. 또 어떤 사람들은 이 틈에 나도 한 번 해보면 어떨까 하는 호기심도 생긴다. 자신은 그 전까지는 투자에 대한 최소한의 생각도 안 가지고 있었는데 말이다.

이런 식으로 '남이 하면 나도 해야 한다'는 사고가 대부분 준비가 되지 않은 많은 사람들을 '묻지마식' 투자로 몰아넣으며 이것이 문제를 일으킨다. "같은 밥 먹고 왜 너만 못해?"하며 배운 가정교육도 문제이다. 어지간한 사람들이 다 돈을 버는 주식시장에서 나만 안하고 있나 하는 생각과 쉽게 벌 것 같은 투자 기회에 대한 흥분으로 투자자들은 충동구매 하는 홈쇼핑만큼 순식간에 투자를 해치운다. 그나마 첫 번째 투자가 성공적이라면 다행인데 그 우연한 성공은 '하룻강아지 범 무서운 줄 모른다'는 속담처럼 나중에 더 큰 재앙을 불러올 수 있다.

왜냐하면 그쯤 되면 초보 투자가로서는 투자를 쉽게 생각하여 막연한 자신감과 저번보다는 더 많은 욕심이 생기게 되기 때문이다. 본인은 이미 주식 전문가 내지는 투자의 전문가가 되었다고 생각할 수도 있다. 따라서 그 다음이 더욱 더 위험한 상황으로 전개될 수가 있는 것이다. 투자에 대해 지식이나 경험은 별로 없고 그나마 욕심만 넘치면 그 끝은 보나마나이다.

투자에 관심 없는 부류 중에는 지금 돈이 없다고 해도 경기가 점점 나아질수록 수입이 좋아져서 목돈이 생길 가능성이 있는 사람도 있다. 그 시기에는 모든 자산의 가치가 당연히 싼 상태가 아닐 수 있다. 그렇기 때문에 '나에게도 목돈이 생겼다. 그만큼 경기가 좋다는 말인가'라는 의심도 필요하다. 자산 가격이 많이 올라 타이밍이 안 좋을 때 목돈이 생기는 것이 초보 투자자들은 꼭 의식하고 경계해야 한다. 그리고 시장이 자꾸 올라가는데 투자 규모를 더 늘려 가는 것도 이와 비슷하게 꼭 경계해야 되는 부분이다.

연탄재를 준비하라

예전에 증권사 지점에 근무할 때 상주 고객이 있었다. 그분은 60대 초반의 멋쟁이 신사였다. 젊었을 때 해외 공관에서도 일했고 어떤 이유인지 결혼 적령기를 놓쳐서 그 나이 되도록 혼자 사시는 것 같았다. 그래서 그런지 아직도 젊은 층과 대화가 되는 분이었고, 그런 멋스러움을 보면 여자 친구도 있을 것 같았다.

"송 대리, 돈 좀 모았어?"

주식에 대해 이런저런 얘기를 하다가 그분이 갑작스럽게 질문을 던졌다.

"저요? 전 빚 밖에 없어요. 전세금 회사에서 빌렸죠, 우리사주 청약하느라 또 빌렸죠."

"그건 필요한 것이고 투자니까 괜찮지. 내 친구들 보면 젊었을 때,

한 30대 후반쯤까지 목돈을 만들어 조금이라도 쥐고 있는 사람하고 그렇지 못한 친구하고는 60대에 오니까 너무 차이가 나. 목돈을 조금이라도 쥐고 있는 축이면 지금 작은 부동산이라도 한두 채 가지고 세라도 받아먹고 사는데, 30대에 빚만 있던 친구는 아직도 빚에 허덕여. 그렇다보니 여유가 없는 친구들은 모임에도 안 나오고 연락도 안 되지."

"예."

"그러니까 젊었을 때는 빨리 연탄재를 만드는 게 필요하지."

"예?"

"겨울에 어린아이들이 눈사람을 만들려고 굴릴 연탄재부터 구하잖아. 그거로 굴리면 아주 쉽게 커지는 거와 같은 거지."

나도 돈씀씀이를 줄여서라도 어서 연탄재를 구해야겠다고 생각했다.

투자는 투여한 시간의 결과로 나타난다

돈이 있어도 시간이 없어서 투자에 대해 어떻게 할 수 없는 경우가 투자에서 제일 실패가 잦고 위험한 경우이다. 이 부류는 어느 정도의 지적 능력과 사회생활의 경험으로 판단력과 균형감이 있기 때문에 무리를 하지는 않지만 그렇다고 투자에 현명하지도 않다. 본인은 투자에 대한 설명을 들으면 이해도가 높지만 실제로 행동을 많이 하지 않는 것이다.

일단 이들은 바쁘기 때문에 투자에 대한 정보가 많지 않고 정보를 찾는 노력을 하지 못한다. 또, 정보가 있다면 자신이 판단할 수 있다고 생각하는데 그게 자신이 생각하는 것만큼 쉽지 않다는 것을 간과한다.

공부를 잘하는 사람이 투자를 잘한다면 지금쯤 성적순으로 부자가 되어 있어야 되는데 그렇지는 않다. 그들은 자신만의 논리가 있고

그 논리에 스스로 빠지는 경우가 많기 때문이다. 허나 투자의 세계는
자신이 하는 비즈니스와 비슷하지만 똑같지는 않다. 투자는 관심을 갖
고 투여한 시간만큼의 결과인 것이다.

피터린치의 칵테일파티 이론과
양파농사 이론

주식시장에는 유명한 미국의 펀드매니저 피터 린치의 칵테일파티 이론cocktail party theory이라는 것이 있다. 파티에 초대된 이 펀드매니저가 주변 사람들에게 얼마나 인기가 있느냐에 따라 시장이 과열되었는지 침체되었는지를 아는 지표로 삼는 것이다. 주변에 인기가 있으면 시장이 과열, 주변의 주목을 전혀 받지 못하면 침체의 시그널로 보는 것이다. 침체되었다는 것은 장기적으로 투자의 적기임을 뜻한다. 처음에 이 얘기를 들었을 때는 재미 삼아서 한 얘기라고 생각했는데 시간이 지나면서 이만큼 잘 맞는 지표도 없는 것 같다.

사실 이와 같은 칵테일파티 이론을 나도 한두 개 개발해서 가지고 있다.

고등학교 때 이과였고 대학에서 기계공학과를 나온 필자는 증권업계에서 일을 하고 있지만 대부분의 동창들은 여러 계통의 일을 한다. 건축설계사부터 의사, 공장장, 공대 교수에 연구소의 연구원까지 아무튼 주식시장하고는 전혀 상관없는 직업의 친구들이다. 물론 이들을 연말 망년회 때 만나게 된다.

"야, 요즘 주식시장 어떻게 되는 거냐?"

"그런데 왜 주식시세라는 건 매일 오르고 내리고 하는 거냐?"

군대 고참이나 할 만한 단순무식한 질문까지 많이 듣는다. 그런데 어떤 때는 이들이 나를 걱정해 주는 때가 있다.

"월급은 제대로 나오냐?"라는 질문을 할 때인데 시장은 이때가 대체로 바닥으로 기억한다. 1990년이 그랬고 1998년과 2002년 그리고 2008년도 그와 비슷했다.

"사실 저번에 ○○주식에 물려 있었거든. 한 3년 되었지. 이제 거의 본전에 다 와가는데 팔아야 될까?"

시장이 조금 오른 초기 상승기에는 이런 얘기를 나에게만 조용히 하기도 한다. 이때는 무릎보다 조금 더 오른 상태라고 보면 된다.

그러다가 어느덧 주가가 많이 오르면 모임에 참가한 선수 중에 나의 볼 점유율이 절대적으로 높아진다. 이때는 내가 입을 열면 스무 명이면 스무 명, 삼십 명이면 삼십 명 모두 내 말에 귀를 기울인다. 사실 이쯤 되면 망년회가 아니고 투자 세미나가 된다. 또 망년회가 끝난 후

나한테 이메일을 보내서 자신이 가지고 있는 주식들과 펀드들에 대한 평가를 부탁하기도 한다. 이때는 시장이 어깨쯤 올라온 상태라고 보면 된다.

그럼 천정권 즉, 상투에서는 어떤 현상이 일어날까?

이들 이과 계통의 분석적인 능력은 경제학을 공부한 사람들의 상상을 초월한다. 그리고 그들 만의 강세장에 대한 소신과 연구 지식에 힘입어 이제는 내가 하는 얘기는 듣지도 않는다. 자신들의 투자 무용담과 토론에 이제 나는 거의 밀려나 있는 지경이다.

"내가 보기에 중국펀드는 A주식이 많이 포함된 ○○펀드보다 안정적인 H주식이 많이 포함된 ○○펀드가 더 낫다."부터 "향후 상품시세의 변동에서 가장 봐야 할 부분이……", "인도 시장의 PER 계산 오류는 ……" 어쩌고저쩌고 엄청난 계량적인 토론을 벌인다. 그리고 그들이 내게 던지는 결정타는 '투자해야 할 주식이나 펀드'를 나에게 추천한다는 것이다.

이럴 때면 시장의 매도 시그널이 온 것으로 판단하고 주위 분들에게 주식이나 투자 부분을 줄이라고 권하고 나 자신도 투자하고 있던 펀드들을 상당 부분 해지한다.

대학 때 누구나 한두 번씩 농촌 봉사활동을 가본 적이 있을 것이다. 내가 기억나는 어느 시골동네가 있는데 그곳의 밭이란 밭엔 몽땅 양파가 심겨져 있는 것이었다.

"아저씨, 여기는 왜 양파만 심어요? 원래 여기가 양파의 산지예요?"

"아니, 작년에 양파 값이 좋았거든. 양파 만한 게 없지. 암, 그렇고 말고."

"작년에는 가뭄이었다던데요?"

"그러니까 양파가 없어서 못 팔았지. 시세가 엄청 좋았어. 그래서 올해는 아예 양파로 밭을 도배해 버렸지."

그러나 그 동네뿐만 아니라 버스 타고 지나가면서 보이는 다른 마을 길가가 전부 양파뿐이었다. 아마 그 해는 날씨가 적당히 좋아서 양파농사가 잘 되기는 했겠지만 시세가 좋기는 어려웠을 텐데, 아저씨는 그 많은 양파를 어떻게 하셨을까 지금도 궁금하다.

여러분 주위에도 이런 이론이 있는지 한 번 둘러보고 여러분 만의 이론을 꼭 만들어 보길 바란다.

다다익선이 목표

IMF 직후였다. 오랜만에 학교 친구인 고 박사에게서 전화가 왔다.

"어, 웬일이야?"

"자리에는 문제없지?"

그 당시에 증권회사가 부도가 많이 나다 보니까 내 자리 걱정을 해준 것이다.

"왜 문제가 없어, 동남아에서부터 지진이 오고 있는데. 어찌 될지 모르지."

"왜 동남아에 지진 났어?"

"(황당)……."

사실 한국이 IMF를 맞기 전인 그 해 여름 이미 태국과 인도네시아가 IMF에 들어갔기 때문에 아시아 10개국 시장을 대상으로 영업하는 증권사에서 일하던 나는 위기감을 느끼며 하루하루 살고 있었다.

"그건 그렇고, 아는 사람이 하는 조그만 사업체가 하나가 있는데 나보러 투자 좀 하라고 하는데."

"응, 그래서……?"

"내용은 내가 좀 아는 회사이기는 한데, 계속 돈이 모자라나 봐."

"요즘 돈 모자란 회사가 하나 둘이야? 글쎄……."

"그래서 나도 좀 투자해 줄까 싶어서……."

"이 시기에는 현금을 가지고 있는 게 나을 것 같은데……."

어디에 투자를 한다는 것을 생각하기 힘든 때였다. 그런데 사실 그런 때에 투자를 생각해야 했다.

"사실 내 제자가 하는 벤처회사야. 그래서 내가 형식적으로나마 조금은 도와주는 차원에서 투자를 해야 하긴 하겠는데……."

그때까지도 나는 벤처라고 들어 본 것은 메디슨과 양지원공구 밖에 없었다.

"사업성은 좋고?"

"그거 되긴 되는 기술이거든. 사실 내 돈이 계속 조금씩 들어갔어. 나중에라도 원금만 좀 건지면 좋겠는데. 애들한테 들어갈 교육비도 필요하고."

사실 나도 그때 따라서 투자했어야 했다. 나는 너무 시장논리로, 시장이 어수선하니 현금만 지키라는 주의를 주었다.

"그럼 투자하면 되지. 왜?"

"아니, 증자를 하는 게 좋은지, 기존 주식을 인수하는 게 좋은지 알고 싶어서……."

"회사가 돈이 필요하다면 3자배정 유상주식을 받아야 회사로 돈이 들어가잖아."

"그렇지? 내 말이 맞잖아?"

웅성웅성. 옆에 누군가와 말하는 것 같았다.

"그래 잘 알겠고. 또 연락하자."

그리고 2년이 지난 99년 말, 별 탈 없이 직장생활을 하고 있는 나에 대한 반가움을 농담처럼 건네며 연락을 해왔다.

"어이 고 박사."

"아직 붙어 있네?"

"Y2K가 문제만 없으면 한 1년은 더 버틸 것 같아. 그 문제는 어떻게 되는 거야?"

"그걸 알면야. 잘못되면 다 같이 잘못될 텐데……."

경제가 불안할 때도 그렇고 나중에 조금 나아졌을 때도 그렇고 걱정거리만 얘기하게 되는 버릇 좀 고쳐야겠다.

"그건 그렇고……."

"그건 그렇고?"

딜링 룸에서 매수매도 주문이 횡횡 날아다니고 대형 블록매매를 초단위로 부치는 딜러 출신인 나에게는 교수님과의 대화는 항상 템포가 안 맞아 답답하다.

"그때 얘기한 벤처기업 있잖아?"

"뭐? 무슨 벤처? 어, 어, 그런 거 있었지. 왜, 또 돈 필요하대?"

"그건 아니고, 그거 이제 상장하려고 하는데, 하는 게 좋은가 싶어서……."

"그게 글쎄, 상장이라는 게 벤처라고 해서 다 되는 게 아니에요. 이익도 나야 되고 기준에 맞아야지."

"여러 증권사에서 와서 막 상장시키라고 하는데……."

(아니 그럼, 그 회사 같지 않은 회사가 상장시킬 정도가 됐나?) 여기서 상장은 정확히 말하면 코스닥 등록이다.

"(볼멘소리로) 그러면 상장시켜야지. 시킬 수 있을 때 하는 게 낫지."

"시장이 어떻게 될 거 같아? 내년에 더 비싸게 내보낼 수(상장시킬 수)도 있다고들 하는데."

"누가 시장 전망을 제대로 하겠냐? 하지만 상장은 할 수 있을 때 하는 게 좋지. 근데 너 그거 얼마 투자했지?"

"한 300 했지. 그때."

"지금 평가하면 얼마나 되는 거야?"

"장외에서 팔면 한 10만 원 정도 준 대."

그럼 액면 5천 원, 그럼 20배가 되었다. 곱하면 6천만 원이다.

"그럼 대성공했네. 1억 가까이 됐잖아."

"아니, 액면가 500원짜리야."

그러면 6억이다. 3백만 원을 2년 전에 투자해서……

"그 돈으로 뭐 할 거냐? 우선 한번 보자. 한턱 내야지."

"내야지. 근데, 증권사에서 와서 상장하면 두세 배는 더 뛴다고 하는데 그러냐?"

"그럴 가능성이 높아. 요즘은 시장이 좋아서."

"내후년쯤에 상장하면 더 오를 것 같지 않아?"

"그럴지도 모르지. 그래도 시장은 언제 어떻게 변할지 알 수 없어."

"너 같은 전문가도 모르면……."

"어쨌거나, 그 돈으로 뭐할 거냐?"

"글쎄, 다른 후배가 하는 회사에 투자하기로 약속했고, 사실 그 전에 다른 데 투자한 것도 돈이 좀 됐어. 그래서 벤처캐피탈 같은 거 만들까 생각 중이야."

이 투자는 빙산의 일각인가 보다.

"너 집도 없잖아? 이 기회에 집 하나 장만해야지? 애들 장학금도 마련해 놓고, 응?"

"글쎄, 나는 돈 가지고 그렇게 비생산적인 데에 투자하는 사람이 제일 한심하더라. 그리고 부동산투기 같은 거는 우리 같은 사회 지도 층은 하면 안 되겠지. 사회와 국가를 위해 투자할 신기술도 널려 있는데 그리고 애들 학자금은 얼마 되나? 유학을 보내더라도 그렇지."

'이 사람 내가 아는 고 박사 맞아? 그리고 아니, 누가 투기하라고 했나? 전세나 면하라고 했지. 참.'

"그럼, 투자를 하는 목표는 뭐야? 새로운 IT세상을 위해서?"

"지금부터 3년 후에 시장을 휩쓸 놀라운 기술이 몇 개 있는데 거기에 투자하려고. 사실 주변의 돈도 많이 투자를 받아 놨고, 너도 원하면 조금 끼워 줄 수도 있어."

'고맙다. 친구야!'

"나중에 학교는 좀 쉬고 이쪽으로 전념할까도 생각 중이야."

"회사가 커지면?"

"회사가 커지면 전문경영인을 쓰고 나는 R&D쪽만 맡아야지."

"아니, 저어, 너무 벌리는 것 아니야? 벤처도 사업인데 사업은 하는 사람이나 하는 건데, 교수직 좋잖아. 그냥 있지?"

"넌 몰라서 그래. 나는 메디슨 다음의 최고의 벤처그룹을 만들까 생각 중이야."

이 친구는 교수였고 또 지극히 평범한 월급쟁이였다. 아마 가진 재산이라고는 그가 전세 7천에서 8천만 원짜리 아파트에 살았고, 현금 자산은 3천에서 5천만 원 정도 가지고 있었을 것 같고, 집안 부모도 그냥 평범하셨고, 박사 과정까지 겨우 다니고 사는 정도의 보통의 가

계였다.

　고 박사로부터 수년이 지난 후 다시 연락이 왔지만 나는 회의 중이라서 전화를 받을 수 없었다. 들리는 말에 의하면 고 박사는 다니던 대학은 벤처 하느라 나왔고, 투자 자금은 거의 소진되어 투자자를 구하고 다닌다고 들었다. 다시 연락해서 얘기를 들어 봐야지. 아마 아직도 자기 집은 사지 않겠다고 하니 아직 없는 상태일 거고, 고등학교 다니는 아이들은 유학을 보냈는지 궁금했다.

　이 이야기는 내가 아는 동료로부터 들은 얘기이다. 그 교수는 97년 1억 남짓의 자산을 가진 상태에서 2000년 중반 벤처가 극성일 때에는 200~300억대의 부자가 됐었다고 한다. 지금은 여전히 전세로 살고 있지만 유학을 보내고 싶었던 아이들은 서울의 좋은 대학에서 공부를 잘하고 있다니 다행이다. 본인은 조용히 강의에만 몰두하고 있는 예전의 생활로 돌아갔다고 한다. 하지만 이 정도면 운이 좋은 케이스이다.

　또 다른 예를 들어 보자.

　증권사 후배인 K는 IMF 직후 다니던 증권회사가 부도나고 말았다. 설상가상으로 직원간의 상호 대출보증으로 신용불량인 상태까지 되어서 취직도 안 되는 상황이 되고 말았다. 그래도 힘을 내서 열심히 일을 찾으러 다니던 중 사촌형이 하는 오퍼상에서 일을 하게 되었다. K는 신용불량 신분이니 정식으로 월급을 받을 수도 없는 처지에 용돈식으로 월급을 주는 형이 고마웠다.

그러던 어느 날 평소 메사키(단기 전망을 잘하는 것, 일본 증권 용어)가 있던 K는 전자부품 한 가지를 들여와 판매하는 사업으로 회사에 엄청난 기여를 하게 된다. 구멍가게나 다름없던 그 오퍼상은 졸지에 매출이 수백억대가 되는 사업체가 되었다. 그러니 K에 대한 사촌형의 신임은 높아갔다.

그러던 어느 날,

"K야, 사업이 이렇게까지 번창하게 된 것은 다 너 덕분이다. 능력 없는 다른 애들 그대로 데리고 했으면 이렇게까지 되기 힘들었겠지. 너한테 뭘 해주면 좋을까? 말해 봐."

"아유, 별말씀을요. 형님한테서 사업을 잘 배워서 그런 거지요. 전 욕심 없습니다. 아침에 일어나서 출근할 사무실만 있으면 됩니다."

"그래도…… 그런데 신용불량은 돈이 얼마나 걸려 있는 거야? 얼마면 푸는 거지?"

"그거요……?"

2억 원 정도의 목돈을 사촌형이 해줬고 K는 비로소 신용 정상인이 되었다.

그 이후에도 K의 사업 수완은 대단했던 모양이다. 오죽했으면 사촌형이 사장 자리와 대주주로도 올려 줬을까. 몸이 안 좋았던 사촌형은 계속 파트너로 남았지만 K에게 물려주는 것이 서로에게 좋겠다고 판단한 모양이었다.

회사의 회계 상 숫자가 그리 좋지는 않아서인지 상장을 할 때 애를 먹으면서도 K는 다른 사람들에게 "나는 회사가 상장 안 되어도 지속가능한 기업이기만 하면 좋겠어."라고 말하곤 하였다.

결국 이 회사는 2000년 초 벤처 붐 때 상장을 하게 된다. 상장하자마자 주식가격은 수직 상승을 하여 이제 K의 개인 자산은 믿기 어렵게도 5백억 원대를 넘어서고 있었다. 신용불량이 된 지 불과 2년 반만의 일이다. K는 많은 직원을 거느리고 각계각층의 사람들과 만나며 강연과 모임으로 바쁜 나날을 보내고 있었다.

"나의 목표는 30대 재벌이야."

그해 말 회사의 유상증자를 받기 위해 가지고 있던 주식을 담보로 대출을 받은 K는 계속되는 주가 하락과 은행의 끊임없는 담보 추가 설정 요청으로 그만 회사를 정리매매하듯 매각하고야 말았다. 그 후에 K에게 떨어진 돈은 주위의 친구와 친척들에게 개인적으로 받은 투자금은 거의 돌려주지도 못하고 다시 신용불량 상태가 되었다.

투자는 탐욕과 공포 사이를 오가는 것이라고 한다. 사업 역시 투자와 같은 개념이다. 둘 다 싸게 사서 비싸게 파는 점에서 같은 것이다. 이 탐욕을 잘 관리하는 것은 성인군자라고 쉬울까? 보통 사람들은 그런 행운이 닥치면 생각이 비약적으로 허황되게 변해서 허둥지둥하다가 결국은 놓치고 만다.

고 박사는 처음에는 투자금의 원금이라도 회수해서 아이 과외나

시켜봤으면 하였다. 그러다가 나중에는 일이 잘되니 대학도 나왔고 벤처 투자회사까지 만들어 투자와 경영을 하였다.

K는 신용불량 무직자에서 '나갈 직장만 있으면' 하다가 중간에는 '지속가능 사업체'에서 나중에는 '30대 재벌'이 목표가 되고 말았다. 물론 예전에 TV의 성공시대를 보면 이런 사업가들은 많이 나온다. 그들은 사업 운이 좋은 사람들인 것이다.

투자를 할 때는 목표를 어느 정도 가지고 시작하는 것이 투자에 성공하는 달인들의 전략이다. 움직이는 무빙 타깃을 보고 쏘면 결국은 자신이 원하는 것이 뭔지도 모르고 허둥지둥 쏘다가 맞추지도 못하고 몰락의 길을 걷는 많은 사람들을 TV는 소개하지 않는다.

다 쓰고 죽어라

결국은 이 탐욕이 문제인 것이다. 여러 가지 욕구와 그동안의 성공에서 자기 자신의 능력을 과신하면서 사람들은 그것에 씌어 사는가 보다. 이 사람들에게 사업의 목표나 투자의 목표를 물어보면 여러 가지로 대답을 한다. 하지만 시간이 지나면서 이들의 목표는 사자성어로 다다익선이다. 이 다다익선의 투자 목표는 이 세상사람 모두가 갖게 되는 투자 목표이다. 결국 무빙 타깃인 것이다. 그러나 목표는 구체적이어야 하고 현실적이어야 한다. 그리고 인생에 필요한 만큼이어야 한다.

"나는 돈 버는 게 취미야."

"집에 있으면 심심해서……."

"돈 버는 것만큼 재미있는 게 없지."

이렇게 일흔이 넘은 나이에도 돈 벌기에 여념이 없는 분들이 있다. 무리를 하지만 않는다면 일을 하는 것은 매우 좋은 것 같다. 일이라는 지적 행동은 나이가 들어서도 계속한다면 정신건강과 삶의 질에도 좋은 영향을 줄 것이다.

하지만 "취미가 돈 버는 것이다."라고 하며 나이가 들어서도 계속 일을 하는 분도 주위에서 보는데, 그 의미는 돈은 벌어도 벌어도 충분치 않다고 느끼는 것에서 나오는 행동일 수도 있을 것이다. 그러면서 또 결국은 그 돈을 제대로 쓰지도 못하는 상황을 맞기도 한다. 어떤 경우라도 일을 하며 버는 것은 좋지만 가진 자산으로 투자를 해서 다다익선으로 더 벌겠다고 하는 것은 다른 얘기가 된다. 충분히 인생을 살 자산이 있다면 대부분의 경우 위험에 더 걸 필요는 없는 것이다.

"그만큼 벌어나 봤으면 좋겠네요."라고 할 사람들이 많을 것 같지만 사람들은 위의 두 사례처럼 벌면 벌수록 더 벌고 싶어 하게 된다. 그것은 당연할 수도 있지만 돈은 쓰기 위해 버는 것이지 돈을 버는 기록 경기에 이름을 올리기 위해 버는 것은 아닐 것이다.

스티븐 폴란과 마크 레빈이 쓴 책 중에 《다 쓰고 죽어라!Die Broke!》라는 책이 있다. 내용도 좋지만 우선 제목이 우리에게 주는 교훈은 정곡을 찌른다. '다 쓰고 죽겠다'라고 생각을 하면 움직이는 타깃을 맞출 필요는 없다. 원하는 고정 타깃은 연습만 하면 누구나 맞출 수 있다. 그러나 허황되게 움직이는 타깃을 쫓아다니다가 실탄만 다 쓰고 주저앉

을지 모른다. 그리고 운이 좋아 움직이는 타깃을 다 맞춰서 돈을 많이 모으더라도 어차피 다 쓰지도 못하고 죽는다.

2장

나의 투자심리-
강세장의 투자심리

강세장의 투자심리

"주식투자요? 그거 쌀 때 사서 기다렸다 올랐을 때 팔면 되는 거 아니에요?"

"시세가 떨어지면?"

"그러면 기다리는 거죠. 간단해요. 손해 보고 안 팔면 언젠가는 오르지 않겠어요?"

"혹시 그 회사가 망하면?"

"글쎄요, 그럴 만한 회사 주식은 저는 안 살 것 같아요. 다 재무상태가 건전한 기업의 주식 위주로만 하면 되잖아요."

대학생을 위한 모의투자대회에서 만난 자칭 투자 고수와의 대화였다. 투자가 이만큼 간단하고 쉬운 거라면 누구나 투자를 잘 할 것 같다. 하지만 이렇게 단순치만은 않다. 세상사가 간단치 않은 것처럼······. 오래 전 마이클 J. 폭스 주연의 영화 〈백 투 더 퓨처〉를 보면 미래로 시간여행을 떠나서 지난 스포츠 경기의 결과가 나와 있는 스포츠 연감을 가져온다. 도중에 불행히도 이 책을 나쁜 친구에게 빼앗겨서 그 친구가 엄청난 돈을 벌게 된다. 우리에게도 이런 미래의 주식시세가 있는 신문이 있으면 좋겠다고 동료들과 얘기한 적이 있다. 먼 미래도 아니고 당장 내일 날짜 경제 신문이라도 있으면 하고······. 결국은 그런 것이 없어 우리의 인생이 망가지는 게 아니라는 것이 결론이었지만 말이다.

쌀 때 사서 비쌀 때 팔면 될 것 같은 것이 투자인데 이것이 왜 이렇게 단순치가 않을까? 필시 사람들은 투자를 하며 너무 많은 생각을 하기 때문이 아닐까? 그 생각들을 여기서 알아보자.

투자의 대가들은 시장에서 나오는 뉴스나 정보에 많은 시간을 들여 분석하기도 하지만 무엇보다 다른 투자자들의 투자 심리에 엄청난 관심을 갖는다고 한다. 이런 전문가들도 주변의 심리를 보는 것은 군중의 행동으로 상황을 파악하려는 것인데 이는 가장 기본적인 투자 심리의 이해이다. 주위 투자자들의 상황을 살피면 앞으로 시장의 움직임이 예상되기도 하고 이 투자 심리란 결국은 행동으로 나타나기 때문이다. 그리고 조금 더 깊게 들어가 투자자로서 내 생각의 변화를 스스로가 알아차리는 것이 다른 사람들의 심리를 아는 것만큼 투자에는 중요하다는 것을 깨닫게 된다. 이 장에서는 시장에 참여하는 투자자로서 나의 심리 변화를 같이 알아보자.

　경제학도 따지고 보면 경제권에서 활동하는 주체들의 심리의 움직임에 의해 많이 좌우된다고 한다. 그래서 최근에는 경제학과 심리학을 연결하는 많은 연구와 관련 서적이 나오고 있고, 앞으로도 더 연구되어 활성화될 분야이다.

　투자 시장 역시 많은 참여자가 있고, 결국 이 참여자들이 시장을 움직이는 것이다. 그래서 대부분의 투자자들은 투자를 하는 동안에 시장에서 일어나는 여러 가지 일들, 예를 들어 시장에서 일어나는 사건, 경제의 변수, 투자 성과에 따른 상황을 자기의 생각대로 정리하고 그것을 바탕으로 또 다른 투자 결정을 하려고 한다.

　하지만 시장이 많은 참여자에 의해 움직인다고 해도 결국에는 시장은 하나의 독자적인 생물과 같이 스스로 움직이는 것이다. 시장이 곧 모든 참여자를 뜻하는 것도 아니고, 그보다는 더 다양한 주식시장에는 경제정책이라든지 상장 기업의 동향, 그리고 그밖의 엄청나게 많은 요인들이 모여서 시장의 움직임을 결정하는 것이다. 그럼에도 불구하고 투자자들이 시장을 자신의 생각의 틀 내에서 느끼고 상황을 정리하려고 노력한다. 자기 자신이 아는 한도 내에서 일어나는 일들을 극히 주관적으로 정리해 두는 것은 비단 투자할 때뿐 아니라 모든 일에서 인간들이 하기 쉬운 생각의 속성인 것 같다. 따라서 그런 생각의 정리방법이란 것은 자신의 이해와 욕심에 따라서 시각이 바뀌게 되고 또 자신이 책임을 면하는 방향으로 정리하게 된다. 더 나아가 경험 부족에서 오는 자기 과신으로 포장되고, 결국 두려움으로 왜곡되기도 한다. 그러니 독자적으로 움직이는 투자 시장은 투자자가 정리한 상황대로 움직이지 않기 마련이고 여기서 투자자들의 생각은 혼란을 겪게 된다.

"요즘처럼 시장을 이해하기 어려운 적이 없어."

"주식시장 참 모르겠어."

"투자는 어려워."

이렇게 자포자기의 심정이 되는 것도 이해가 된다. 하지만 그런 후에도 투자자들은 계속 자신의 생각에만 충실하게 시장을 보며 투자를 하게 되는 잘못을 하곤 한다. 즉, 객관적이어야 할 투자를 주관적인 내 생각으로 정리하는 것을 하지 말자. 이것이 이 장에서 모든 투자자에게 보내는 가장 중요한 메시지이다.

시장은 오늘도 엄청나게 많은 변수의 사건이 다른 많은 요인에 의해 일어난다. 이에 비해 이를 지켜보는 사람의 생각은 다양한 분류를 하지 않고 불과 몇 가지의 단순하고 자의적인 잣대의 분류에만 의존하곤 한다. 그러므로 부정확하게 시장을 받아들이고 부정확한 시장관이나 투자관을 바탕으로 여전히 주관적으로 해석하여 잘못된 투자를 하게 되는 요인이 된다.

쉽게 설명하자면, 세상에는 키가 크고 작은 사람들과 뚱뚱하거나 마른 사람들의 두 가지 기준이 있다고 하자. 이는 매우 간단한 기준인데 이렇게 간단한 경우에도 일어나는 상황은 단순하지 않다.

이때 예를 들어 188cm의 키에 69kg의 깡마른 사람과 178cm에 67kg의 보통 마른 사람이 있다고 하자. 사람들은 이 두 사람을 키 크고 마른 사람 군으로 분류하게 된다. 간단한 분류이다. 그러나 농구를 전문적으로 한다면 188cm의 사람은 외견상 농구를 할 만한 키의 신체조건이 되고 178cm의 사람은 키가 큰 편이지만 농구를 하기에는 다소 작은 사람이 된다. 그런데 사람들이 흔히 하는 대략적인 분류에서는 이만큼 세분화된 분류를 하지 않는다. 더구나 판단을 하는 나 자신이 키가 커서 192cm라고 한다면 178cm는 키가 작은 사람이 되고 188cm는 큰 편일 수 있겠다고 막연하게 생각한다는 것이다. 또, 162cm의 사람이 본다면 188cm인 사람을 볼 때 불편할 정도로 크다고 보고 178cm의 사람은 키가 보기 좋게 크다고 생각할 수 있다.

요약하자면 키가 크고 작은 사람이 있어도 그 세부적인 분류를 하자면 엄청나게 많은 분류가 가능한데 사람들은 자기 기준에 따라 단순하게 분류를 함으로써 판단의 오류를 범하곤 한다는 것이다.

예를 들어 현재가 1억 5천만 원의 골프장 회원권이 있다고 하자. 회원 A는 3년 전에 1억 8천만 원에 사서 아직도 보유하고 있는데 약간의 손해로 인해 스스로 실패한 투자로 생각하고 있다. 그래서 언제든 시세가 본전만 되면 빠져나오려고 한다. 상황이 그렇다 보니 그 골프장 회원권을 사고 싶어 하는 친구들에게 절대 사지 말 것을 당부한다.

그리고 코스의 레이아웃에 대한 불만도 많았다. 반면에 회원 B는 10년 전에 3천만 원이라는 매우 시세가 쌀때 이 회원권을 샀기 때문에 장기적으로 좋은 수익률로 투자에 만족을 하며 골프를 즐길 수 있었다. 특히, 골프장의 서비스를 좋게 평가하고 있었다. 그래서 자신은 이 골프장의 회원권을 다른 사람에게도 꼭 추천하고 싶은 좋은 투자 대상으로 확신하고 있다.

왜 사람들은 자신의 방식으로 시장(주식시장이나 부동산시장, 미술품시장 무엇이든지)을 판단하려고 할까? 본능적으로 인간은 외부에서 일어나는 모든 일에 대해 내가 정리할 수 있는 방식으로 정리를 해 놓아야 직성이 풀리는 동물인 것이다. 세상에는 내가 모르는 많은 일이 일어나지만 나는 내가 이해가 되는 한도 내에서 그 사실들을 정리해야 마음을 놓는 것이다. 그러면 그 분류가 제대로 된 정리일까?

"이번 인사에 정치인 대리가 과장으로 특별 진급을 한 거 어떻게 생각해?"

자신이 다닌 대학에 열등감을 갖는 문 대리의 입장;

"정 과장은 일류대학을 나왔으니까 실력보다는 학벌 때문에 회사에서 밀어주는 거 아닐까?"

영어 실력이 핸디캡인 조 과장의 입장;

"이번 인사는 영업보다는 외국어 실력을 본 것 같아. 회사가 정 대리처럼 외국 경험이 있는 사람을 발탁한 이유가 뭐겠어?"

윗사람한테 항상 잘 보이고 싶은 이 대리의 입장;

"역시 정치인 대리처럼 윗사람한테 잘하는 게 직장생활에서는 중요해. 우린 저렇게까지는 못하지."

그러면 정 대리가 다닌 좋은 대학과 정 대리가 윗분한테 잘 보이려고 하는 노력, 그리고 영어 실력까지 사내에서 독보적일까?

사람들은 흔히 사물의 느낌에 대한 자신만의 견해를 갖게 되는데, 위와 같은 이유로 정확한 의견보다도 어딘가에 치우친 의견이 될 가능성이 높다. 즉, 편견 혹은 편향이 되는 것이다. 이 편견은 위의 예와 같이 거의 대부분은 부정확하다고 볼 수 있다. 따라서 우리가 흔히 저지르기 쉬운 편견을 먼저 이해한다면 일단 균형 잡힌 사고를 보장받을 수 있다. 이것이 투자 심리를 알아야 하는 포인트이다. 잘못된 정리를 제대로 바꾸는 방법이 독자적으로 움직이는 투자 시장에서 객관적인 시각을 견지하며 성공을 하는 방법인 것이다.

우선 투자 시장이 좋을 때와 좋지 않을 때를 나누어서 투자자들이 가지기 쉬운 잘못된 생각을 예를 들어 보자. 투자 시장이 좋을 때는 현재 투자의 성과가 괜찮을 때도 포함해서 생각해 본다.

우선 시장이 좋고 투자에 성과를 보이기 시작하면 사람들은 시장에 대한 자신을 갖게 되고 또한 누구나 다 전문가가 된 듯 생각을 한다. 이때 주의해야 하는 것이 자신의 능력을 과신하는 것이다. 이 자기 과신overconfidence의 심리야말로 투자자들이 가장 주의해서 피해야 하는 심리이며 이로 인해 투자자들은 손해를 볼 가능성이 가장 크다. 시장이 좋고 투자 성과가 많이 나기 시작하면 시장이 좋아서 수익을 많이 낸 것인지, 어쩌다 운이 좋아서 잘한 것인지, 내가 진짜 투자 실력이 있어서 잘한 것인지 파악하기는 정말 어렵다. 대부분의 투자자들은 마지막의 경우라고 생각하는 경향이 있어서 이 시기에는 누구나 투자의 전문가가 되고 자신의 견해에 반하는 것은 인정하지 않으려는 경향이 생기기 때문이다.

자기 과신 :
나는 무조건 잘될 거야

현재 나 자신의 투자 실력을 과신하는 심리에 대해 알아보자.

사람들은 기본적으로 무엇을 하든지 나 자신은 잘될 것으로 막연하게 믿고 내가 개입하면 상황을 바꿀 수 있다고 생각한다. 일을 할 때 남이 하는 것이 답답하다고 느껴지거나 그래서 내가 직접 해야 속이 시원하다면 이런 경향이 어느 정도 있다고 볼 수 있다.

이런 테스트가 있다. 주사위를 던져 3이 나올 확률에 돈을 거는 내기를 한다고 해보자. 주사위를 던지기 전에 돈을 걸라고 할 때 거는 돈의 액수와 주사위를 던진 다음 숫자를 가린 상태에서 돈을 걸라고 할 때 사람들이 거는 돈의 액수가 던지기 전과 후가 다르다고 한다. 던지기 전이 던진 후에 거는 경우보다 더 많이 거는데, 그 이유는 사람들은 막연하게 자신의 투자는 잘될 것으로 믿고 싶은 심리가 있기 때문이다. 이때에는 자연히 기대감도 높아지게 마련이다.

증권사 지점의 영업 직원들에 의하면 고객들이 신규로 증권계좌를 열고 투자를 개시할 때는 기분이 매우 좋아 보인다고 한다. 비단 투자뿐 아니라 다른 일에서도 사람들이 이런 막연한 기대를 많이 하는 것 같다. 그래서 새로 사업을 하기 위해 사무실을 열 때, 상점을 내기 위해 알아보고 다닐 때, 새로운 일을 위해 사람들과 만나서 대화를 할 때, 이럴 때 사람들은 희망에 들뜨게 되고 내가 하면 대충 잘 되리라 생각한다는 것이다.

위의 예는 투자를 하기도 전에 자신을 갖는 예였지만 실제로 강세장에서는 나의 투자 실력을 뒷받침할 만한 결과가 나오게 된다. 그것이 내 진짜 실력인지 아니면 시장이 좋아서 누구나 성과를 내는 것인지는 아무도 알 수가 없다. 하지만 대부분은 자신의 실력으로 믿고 싶어 한다. 이 상태가 되면 나는 내 생각대로 매매를 할 자신이 생겨 매매를 더 자주 하기도 하고, 혹은 더 위험이 있는 주식이나 그런 투기적인 대상에도 투자를 하게 된다. 시장을 읽고 투자하는 자신의 능력을 대단하게 평가하기 시작한다.

이는 대부분 경험이 많지 않은 투자자들이 흔히 갖기 쉬운 경향인데 우연한 겹치기 행운과 또 그것을 자신의 실력으로 믿고 있는 사람에게 '그게 아니다'라고 설득시키려 해도 믿지 않고 이해시키기도 상황적으로 거의 불가능한 것이 된다.

그래도 내가 자기 과신을 한다는 것을 스스로 알아내는 방법이 있다. 약간 억지가 있어 보이지만 우선 자신에게 '나는 단기적으로 투자해서 돈을 많이 벌 수 있다'라고 생각하는가 질문해 보자. 답이 '그렇다'이면 이미 당신은 자기 과신에 빠진 것이다. 어떤 투자자는 '아니 그러면 그런 자신도 없이 투자를 합니까'라고 묻곤 하는데 나는 그 질문에 대한 워렌 버핏 식의 가상적인 대답을 주고 싶다. "내가 그럴 재주가 있으면 그렇게 오래 주식들을 끌어안고 있겠어요?"라고.

또 어떤 투자자들 중에는 ABC증권사의 어느 직원이 주식을 잘 본다고 맹신하는데 이것도 과신이다. 그 직원이 단기적으로 시장 판단을 잘할 수도 있고, 다른 직원보다 상대적으로 잘할 수도 있고, 열심히 투자를 연구할 수도 있지만 연속적으로 성공하는 단기투자의 능력을 가지고 있는 직원은 본 일이 없다.

확증 편견 :
듣고 싶은 것만 듣고, 보고 싶은 것만 본다

시장이 조정을 끝내고 상승을 시작하면 투자자들 중에서 수익을 내는 사람이 나타나기 시작한다. 오랜 기다림과 어려움 뒤에 오는 투자의 성과여서 스스로 더 자신감을 갖게 되고 투자에 대해서 느끼는 바가 많을 수 있는 시기이다.

이 시기의 투자자는 자신의 투자 능력이 한 단계 업그레이드되는 것을 느낄 수 있게 된다. 자신이 시장을 보는 시각에 따른 투자 판단이 잘 맞는 것 같다고 느끼는 시기이기도 하다. 그동안 오랜 시련의 조정기를 잘 버텨왔고 이제는 투자에 대한 이력도 좀 생기면서 자기만의 투자전략이라든가 투자관, 어떤 이는 투자철학까지도 생기기도 한다. 어느 정도 투자의 달인이 된다면 자신만의 철학을 갖는 것도 가능하다.

투자할 때 자신감을 갖는 것은 매우 중요하다. 이 자신감을 바탕으로 펀드든 주식이든 더 연구를 하게 되고, 더 조사를 하고 그 만큼의 좋은 결과도 보게 되면 더욱 그럴 것이다. 이 정도의 자신감은 매우 긍정적이다. 하지만 투자자들은 계속되는 성공으로 자신의 능력 이상으로 자신의 능력을 믿게 되는 것을 종종 보게 된다. 여기에서 보통의 투자자들은 잘못된 생각으로 그릇된 판단을 내리게 된다.

중국 주식시장이 계속해서 오를 것으로 보는 어떤 투자자가 있다고 하자. 중국은 이천 몇 년이 되면 세계 최고의 경제 대국이 될 것이고 상승 장이 계속될 거라는 신념을 더해간다. 지금 중국에 투자를 하고 있지 않다면 나중에 크게 후회할 것이라고 굳게 믿는다. 이 사실이 맞든 틀리든 간에 투자자는 한 가지 생각을 일단 갖게 된다. 여기까지는 지극히 정상이고 당연하다. 생각이 오락가락해서는 투자를 할 수가 없고 계속 할까 말까 망설이기만 하게 될 것이기 때문이다. 그런데 이 믿음, 중국시장이 초장기적으로 상승할 것이라는 믿음에 반하는 뉴스가 나올 때 이 투자자는 어떻게 반응을 할까?

'주가수익비율 50의 다우지수, 뉴욕주식시장 거품' 등의 뉴스가 나왔다고 할 때 이 투자자의 반응이 궁금할 것이다.

"성장하는 주식시장의 주가수익비율은 당연히 높지. 저성장 국가에서 적용하는 주가수익비율 10~25를 뉴욕시장에 적용할 수 없지. 암, 시장이 다른데. 얘기할 것도 없어."

또 이런 뉴스가 나왔다고 해보자.

'역대 최악의 경제지표를 무시한 채 랠리를 펼치고 있는 뉴욕증시. 10년 동안 늘려온 일자리가 몇 주 만에 날아갔고 전국적인 휴업령에 소비 지출과 제조업 경기가 급격히 쪼그라들었다. 발표되는 경제지표는 줄줄이 글로벌 경제위기 이후 최악이다. 그러나 주식시장은 오름세를 멈추지 않고 있다. 지난주 나스닥지수는 연초 대비 플러스로 전환했고, S&P500지수와 다우지수는 3월 기록한 전 저점에서 30% 넘게 뛰었다'

"그럼, 그렇고 말고. 위기에는 미국 주식만 한 게 없어. 그냥 미국주식이나 미국주식형 펀드만 가지고 장기로 가지고 있으면 되지."

이 정도로 미국주식시장을 선호하는 것은 대단한 확신이다. 이런 확신을 가지고 투자하는 것이 사실 바람직하다. 긴가민가하고 투자해서는 안 되는 것이다. 다만, 이 생각에 지나치게 몰두해서 다른 의견을 듣지 않으려고 외면하는 현상을 주의해야 한다. 그 상황까지 가면 이것은 단순한 확신이 아니고 확증 편견confirmation bias에 사로잡히게 된다.

투자를 한다고 할 때, A라는 어떠한 펀드를 조사하고 마침내 투자를 했어도 나중에 그 펀드의 시장에서 일어나는 변화와 새로운 정보를 무시해서는 안 된다. 투자라는 것은 수익이 목표이지 몇 달 전 혹은 몇 년 전 이 펀드 투자를 결심했던 나의 생각이 옳았다는 것을 증명하는 것이 목표는 아니기 때문이다. 그리고 미래라는 것은 변하는 게 정상이다. 확증 편견을 가진 투자자들이 이렇게 다른 의견에 철저히 귀를 막고 있는 이유에는 여러 가지가 있다.

"이미 그 지역에 투자가 되고 있는데 자꾸 부정적인 뉴스가 들리면 마음이 흔들릴까봐 무시하는 거죠."

이처럼 자신이 아직도 없는 부류도 있지만,

"내가 펀드투자라면 일가견이 있는데…… 그건 모르는 소리라고."하면서 이미 자신의 투자 능력을 과신하면서 듣고 싶은 얘기만 듣는 사람도 있다.

그 사람의 투자는 한쪽 귀와 눈은 막고 하는 투자여서 자연히 수익을 내는 데 큰 핸디캡으로 작용하게 될 것이다. 따라서 이 확증 편견은 투자를 부실하게 만들 수 있다. 투자자나 이를 권하는 금융기관의 직원도 주가가 오르는 재료만 보고 싶고 실제로 오를 얘기만 찾는 경향이 많다. 보고 싶은 것만 보고 그것이 맞아떨어지길 원하는 희망사항의 투자가 성공만 한다면 얼마나 좋을까? 문제는 내 생각과 시장이 따로 가는 데 있다. 시장을 내 멋대로 해석하려는 것, 투자자가 가장 경계해야 되는 행동이다.

이렇듯 자신의 생각을 굳게 믿는 습관은 인간의 생존전략으로 이미 수만 년 동안 DNA에 깊게 각인되어 있다. 예를 들어 옛날옛적 산골 마을 어느 젊은이가 어두운 밤길을 걷고 있었다. 혼자여서 겁도 났지만 전에 이 근처에서 호랑이가 가끔 나타나 어린아이를 물어갔다는 얘기도 전해오고 있는 터여서 더욱 무섭기도 했다. 그 순간 갑자기 길 옆의 수풀 속에서 무언가가 움직이는 소리가 나며 번쩍이는 두 개의 큰 눈을 보게 되었다. 젊은이는 본능적으로 저건 호랑이다라고 속으로 외치며 뛰기 시작했다. 그야말로 죽기살기로 정신없이 뛰어 마을에 당도한 이 젊은이는 마을사람들에게 내가 방금 호랑이를 보았노라고 말하며 그 호랑이가 얼마나 컸고 그 으르렁거리는 소리가 얼마나 우렁찼는지, 또 하마터면 자신이 죽을 뻔했다는 얘기를 늘어 놓았다. 그는 사지에서 살아나온 사람의 심정으로 얘기하며 절대로 마을 뒷산쪽으로는 밤에 혼자 가지 말 것을 당부하였다.

그럼, 그가 본 그 움직인 물체는 정말 호랑이였을까? 호랑이일 수도 있다. 하지만 정확히 본 게 아니기 때문에 그게 호랑이인지는 확인할 수가 없다. 다만 호랑이라고 생각하고 뛰는 것이 가까이 가서 호랑이를 확인하고 뛰는 것보다 살아남을 확률은 높을 것이다. 그게 호랑이인 것을 확인할 정도로 가까이 가면 이미 살기는 글러 버린 상황이 되었을 수도 있다. 그러니 일단 호랑이라고 하는 최악의 시나리오로 가정을 하고 뛰는 게 상책일 것이다. 그게 도둑고양이일 수도 있지만 막상 뛰기 시작하면 이제는 그런 것은 중요하지 않다. 내가 본 것은 호랑이일 뿐인 것이다. 인간은 그렇게 사고하게끔 진화해 왔다. 그렇게 해야 살아남고 그러니 이렇게 번성하고 있는 것이다.

그런데 문제는 모든 현상에 대해 이 호랑이 이론을 들이댄다는 것이다. 긴가민가한 무슨 생소한 질병이 돌기 시작하면 그게 호랑이 병이라고 얘기하며 호들갑을 떨고 큰 테러 행위가 세계 어디에서 일어나면 그것이 호랑이 테러라고 생각하고 마치 매일 주변에서 일어날 것같이 몸을 사리는 것이다. 투자에서도 마찬가지다. 어떤 악재가 발생하여 주가가 급락하면 그 악재의 실체와 규모를 확인하기 전에 그것이 호랑이라고 생각하는 것이다.

"호랑이일지도 모르니 빨리 팔고 떠나는 게 낫지 않소?"라고 생각할 수도 있다. 하지만 호랑이라고 굳게 믿고 도둑고양이는 절대로 아니다라고 우기는 것, 그리고 다른 의견에 귀를 닫는 것이 이 호랑이 이론의 가장 큰 맹점이다. 고양이를 보고 그렇게 미친 듯이 달아날 필요는 없다. 규모를 알 수 없는 처음 듣는 악재가 시장에 나오면 파악도 하기 전에 몽땅 다 팔아 버리는 것도 과하지만 그 이외의 긍정적인 얘기를 더 이상 듣지 않는 것도 문제다.

또한 어떤 바람이 있어 열심히 기도를 하는 사람 또한 자신이 원하는 뜻에 반하는 얘기에는 귀를 닫는다. 또 논문을 쓰는 대학원생도 박사논문을 쓸 때에도 자기가 뜻하는 논리에 맞는 얘기만 끌어 모으게 되어 있다. 그걸 원하기 때문이다. 그러나 시장은 애절한 나의 기도나 원하는 방향을 그대로는 받아 주지는 않는다. 따라서 투자를 할 때나 그 밖에 결정을 내릴 때에도 내가 원하는 것 외의 여러 사람의 의견을 듣고 다양한 의견을 수렴해야 판단의 그르침이 없는 것이다.

어떻게 보면 투자는 전쟁과 비슷하다. 시저는 "인간은 자기가 보고 싶다고 생각하는 현실밖에 보지 못한다."는 점을 알았기에 그가 최고의 황제가 된 것은 아닐까.

다음 그림은 네커라는 물리학자가 우연히 찾아낸 정육면체이다. 이 정육면체에서 a점과 b점 중 어느 점이 앞면일까?

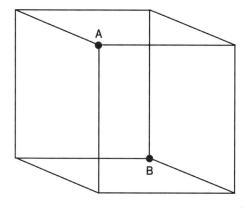

네커의 정육면체

답은 보고 싶은 사람 마음에 따라 a일 수도 b일 수도 있다. 즉, 내가 보고 싶은 대로 보는 것이 사람의 마음이다.

운동경기를 시청할 때도 내가 어느 편과 관련이 있어 그 편을 응원하게 되면 조금 전의 그 콩깍지는 이내 내 눈에 씌고 만다는 것이다.

이렇게 사람이 행동하는 이유는 자신이 관심이 있는 일에만 눈과 귀가 발달하기 때문이다. 지하철에서도 자다가도 자기가 내릴 역에서는 안내원의 멘트에 귀가 번쩍 뜨이는 것과 같은 이치이다. 나의 관심과 이익이 있는 쪽으로 생각하는 것, 인간이기 때문에 그렇다.

한 씨는 주식시장의 큰손이다. 베팅도 크게 하고 많이 벌기도 하고 큰 손해를 본 적도 있었지만 그때마다 잘 빠져나와 위기관리 능력도 있는 것 같다. 최근에 그는 주식시장이 안 된다고(오르기 어렵다고) 줄곧 주장해 왔다.

"시장 안 돼. 조정이 연말까지는 지속될 걸. 다 팔고 어디 가서 쉬었다 와야지. 자꾸 시세 볼 필요가 없어."

그러던 어느 날 한 씨는 갑자기 자신의 장세관을 바꾸었다.

"시장이 바닥을 찍은 거로 봐야 돼. 정확히 바닥이 아니라도 지금 이 바닥권임에는 틀림없다. 이쯤부터는 사줘야지. 누가 진바닥에 주식을 살 수 있겠어."

그의 투자 의견을 바꾸게 된 중요한 사건은 무엇이 있었나? 글쎄, 바뀐 것이라고는 그가 주식을 사기 시작했다는 것 이외에는 없는 것 같았다. 그가 주식을 사기 시작한 데에는 그의 판단과 주변의 조언이라든가 그만의 판단 노하우가 있을 것이지만 그가 주식을 사기 시작한 시점의 전후 그가 겪은 가장 큰 변화라면, 이 전에는 시장이 안 되는(떨어질) 재료만 찾았다면 그 이후에는 시장이 오를 만한 재료만 찾는다는 것이다. 결국 자신의 생각으로 시장을 바라본다는 것이다.

부동산투자도 마찬가지다. 집 없이 전세를 살던 노 부장은 줄곧 우리나라 주택시장의 일본식 붕괴를 정확한 논리로 조목조목 주장해 왔다. 어느 날 그는 아내의 간절한 애원과 부모님의 강력한 권고에 의해 대출을 끼고 아파트를 사고 말았다. 본인으로서는 정말 내키지 않는 투자였다. 투자가 아니고 그냥 거기서 살려고 매입한 것인데 말이다. 이 사건 이후로 노 부장은 한 동안 주택시장에 대한 자신의 의견을 보류하였다. 그런데 어느 날 일간신문에 난 기사 한 줄이 그를 부동산 불패의 광신도로 바꾸고 말았다. '글로벌 주식시장 거품 심화'의 헤드라인을 접하곤, '앞으로 주식이 안 될 거니까 부동산은 된다'는 논리로 그는 자신의 경제관을 완전히 바꾸었다.

이 확증 편견의 문제는 자신에게 유리한 의견이나 자신이 믿는 견해에 목숨을 거는 것, 그런 재료만 보고 그런 재료만 찾기 때문에 자신의 이익과 반하는 쪽으로는 생각을 바꾸지 않는 것이다. 무조건 되는 것도 없고 안 되는 것도 없는 복잡다단한 것이 투자 시장이다. 이것을 단칼에 흑백으로만 나눠 생각하면 투자에 실패할 가능성이 높다.

그럼 이것에서 벗어나기 위한 치료법에는 어떤 것이 있을까? 일본 주식투자의 신이라고 불리는 고레가와 긴조의 방법이 대중요법으로는 좋을 것이다.

그 방법은 시장이 긴가민가할 경우에는 일단 자신이 걸고 있는 투자에 반대로 부분적으로 해보는 것이다. 다시 말해서 주식을 잔뜩 끌어안고 시장이 오를 것이라고 기다리며 오른다는 뉴스만 찾는 투자자는 전체의 5분의 1쯤을 팔아 보고 마음의 균형을 잡는 것이다. 부동산을 전혀 보유하지 않고 있는 노 부장 같은 사람도 한 칸의 작은 상가라도 투자하면서 생각의 치우침을 바로잡아 보는 것이다. 이렇게 현명한 투자자가 되려면 종종 자신의 투자 포지션과 반대되는 쪽의 주장을 곱씹어야 할 필요가 있다. 예컨대 무주택자라면 유주택자의 의견을 들어야 되고 유주택자라면 무주택자의 주장을 경청해야 한다.

"이 그림을 노파로 보는 것은 말도 안돼."
－확증 편견

소녀와 노파

"그런 얘기를 자꾸 들으면 내 생각이 허물어 질까 봐 그렇죠. 내

소신을 강하게 가져가야 되는데 말이죠."

이렇게 귀가 열리지 않으니 해보는 고육지책이다. 고레가와 긴조의 방법은 당연히 비용이 발생한다. 하지만 나중의 엄청난 비용 즉, 손해—예를 들어 주식을 많이 보유한 상태에서 시장이 폭락을 하는 것이나 부동산에 전혀 투자가 되어 있지 않은데 주택시장이 폭등하는 것에 비해서는 전혀 비용이랄 게 없다. 그리고 계속해서 균형적이고 객관적인 생각을 갖는다는 것은 앞으로의 투자에도 크나큰 자산이 될 것이다.

"그런데요. 저는 긴가민가하지 않거든요. 저는 시장이 무조건 코스피 지수 3000포인트까지 오를 것 같거든요. 그래서 단 한 주도 팔기 싫거든요."

이런 외골수의 투자자들이 시장에 많다면 다른 사람들에게 시장은 돈을 더 쉽게 벌 수 있는 여건이 되기도 한다. 어차피 투자는 단기적으로는 약간의 제로섬 게임이기 때문이다.

투자는 계속 변하는 것이다. 따라서 시장이 어디까지 간다, 안 간다라는 전망을 얘기하는 것은 큰 의미가 없다. 어제의 견해를 오늘 바꾼다면 신뢰도가 떨어지겠지만 올해 초에 한 전망을 6개월이 지난 지금까지도 100퍼센트 고수하고 있다면 그것은 확증 편견일 가능성이 높다. 그 6개월 사이에는 많은 일이 일어났을 텐데 그것들을 전혀 반영하지 않고 있다는 얘기가 되니까 말이다. 따라서 전망의 옳고 그름보다는 자신의 귀를 여느냐 안 여느냐의 차이가 투자의 성패를 결정한다는 것이 포인트이다. 매우 중요한 생각의 차이이다.

　X외국계 증권사는 글로벌 투자가들을 주 고객으로 하는 증권사이다. 이들의 리서치는 독특하다. 그들이 그렇게 주장을 하지는 않으나 필자가 생각해 낸 X증권사의 리서치는 한마디로 세컨드 오피니언second opinion 전략, 혹은 마이너리티 리포트minority report 전략이다. 즉, 모든 기업이나 시장분석에 있어 타사의 분석 자료를 반대편에서 보여주거나 다른 시각으로 보려고 노력하는 것이다.

　어느 날 경제 신문에 "꼬마전자 2/4분기 실적 전년 대비 40퍼센트 증가 예상" "비용 감소, 시장점유율 증가. 신제품의 시장 개척력 재평가 되어야" 등의 긍정 일변도의 자료가 실렸다. 그러나 이 X 증권사는 "경쟁 P사의 공장 이전에 대한 단기적인 반사이익임에 주목해야", "구조적이고 지속적인 비용 감소 의문" 등 꼬마전자 주식을 보유하고 있는 투자자들에게 듣기 싫은 내용을 고객에게 전달했다. 그 꼬마전자 주식을 보유하고 있는 펀드매니저에게는 목에 가시같이 뜨끔한 내용이 거의 다였다. 하지만 소위 전문가 집단이라는 이들 펀드매니저들은 단 한 사람도 이 증권사의 리서치에 대해 항의하거나 시정을 요구하지 않는다. 왜냐하면 균형 잡힌 의견을 항상 듣고 싶어서이다. 모두 올인할 때, "X는 어떻게 보고 있지? 항상 삐딱하군. 어쨌거나, 재미있군." 이렇게 말할 정도의 균형 감각이면 충분하다.

장기투자를 해야 성공한다고 모두들 얘기한다. 하지만 장기투자를 진정으로 이해하고 있는 사람을 보기는 어렵다. 그리고 단기적으로 주가가 40~50퍼센트가 하락한다면 장기투자를 하는 시기를 잘못 택한 것으로 봐야 한다. 그것은 개인 투자자뿐 아니라 정말 장기로 보는 연금 펀드매니저에게도 마찬가지이다. 포지션을 줄였어야 하는 것이 맞을 것이다. 4장 '당신들의 투자 심리'에서도 나오겠지만 장기투자는 상승장에서 하는 것이 현명하다.

'초장기투자'를 한다는 어느 외국 보험회사의 외국인 펀드매니저가 나에게 시장이 얼마나 조정될 것 같냐고 물어 왔다. 나는 대뜸 "글쎄요. 전체적으로 절반 정도는 떨어지지 않겠어요?" 라는 내 대답에 살짝 질린 얼굴 모습을 기억한다. 왜 그렇게 생각하는지 물어보는 질문에 "S&P 500지수도 경기침체 국면에서 역사적으로 절반 정도는 하락하던데요. 하물며 한국은 아직 이머징 국가에 가까운데 변동성이 조금 더 크지 않겠어요?"하고 한번 떠보기 위해 답을 던져 보았다. 그는 내대답에 더 이상은 듣고 싶지 않은 듯했다. 이내 자기네들은 시장은 예측 안 한다, 종목만 볼 뿐이라는 원론적인 얘기를 다시 끄집어냈다. 절반 정도까지 시장이 하락하지는 않을 것으로 나도 믿고 싶었지만 그 정도 시장이 하락을 한다면 초장기투자를 한다는 세계적인 투자자들도 듣고 싶지는 않은가 보다.

이런 확증 편견은 스스로 벗어나기는 매우 어렵다. 그 이유는 첫째, 자신은 그게 소신이라고 생각하기 때문이고 둘째, 자신의 바람이 담겨 있기 때문에 그렇게 믿고자 기도하는 사람에게 그게 아니라고 얘기할 분위기도 아니고 또 막상 듣고 싶어 하지도 않기 때문이다. 확증 편견을 가지고 있다는 것을 자기 스스로 알아내는 방법은 없을까. 우선 매번 나의 생각에 반대되는 의견을 계속적으로 듣고 이겨내는 과정을 갖는 것밖에 없다. 반론 역시 확증 편견에는 설득력이 약한 게 문제겠지만 말이다.

군중심리 :
이것이 대세다

    A보험회사는 회사의 투자자산의 운용을 연 4퍼센트의 수익을 목표로 하고 있었다. 그 정도의 수익률은 나와야 고객에게 돌려줄 수익뿐 아니라 회사의 운영자금과 주주를 위한 이익을 어느 정도 맞출 수가 있다고 경영진은 판단하고 있었다.

    채권수익률이 2.0~3.0퍼센트인 것을 감안하면 주식투자를 안 할 수 없는 상황이지만 주식투자는 리스크를 감안해서 소규모로 밖에 할 수 없었다. 그리고 대부분의 자산을 채권성 자산에 투자를 하자니 그 수익을 맞추기 여간 어렵지 않았다. 그러던 중 어느 외국계 금융사로부터 해외채권 투자를 권유받았다. 그것은 이머징국가 중 브라질 국채였고 지금까지의 대략적인 연평균 수익률은 환차익을 포함하여 믿을 수 없게도 9퍼센트 내외를 보이고 있었다.

경영진은 여러 리스크를 체크해 보았지만 이만큼 위험도도 낮고 안정적인 투자는 없을 것 같았다. 주위에 물어보니 다른 금융사들도 조금씩 투자하고 있었고 해외 투자회사들은 대규모로 투자하고 있는 것을 확인할 수 있었다.

"세계적인 투자기관인 G사나 A사 같은 데서 투자를 하고 있는데 별 문제야 없겠지."

즉, 브라질 같은 브릭스국가의 국채 투자가 대세였던 것이다. 이 상품을 들어 본 적이 없다는 중소형 보험사를 제외하고는 다들 어느 정도 투자를 하고 있었던 것을 확인한 경영진은 더 자신감을 얻었다. 이 제는 브라질 국채에 투자를 안 하는 것이 경영상의 큰 실수를 저지르는 듯한 상황이 되었다.

그 후 브라질 헤알화의 대폭락으로 국채가 평가를 할 수 없을 만큼 가치를 잃고 말았다. 하지만 경영진의 생각은 달랐다. "다른 대형 투자회사들 중에 브라질에 투자를 안 한 곳은 없는데……" 하면서 스스로 위로하고 있었다. 다만 주주들을 설득할 일이 걱정이었다.

"주식투자가 대세다." "펀드투자가 대세다." "미술품투자가 대세다." "주거형 오피스텔투자가 대세다." 즉, 대세라는 말이 나오면 그 시장은 대략 시세상으로 어깨를 넘어온 상황이거나 위험이 가중되고 있는 상황으로 봐야 한다.

일본의 유명한 희극배우 겸 감독인 기타노 다케시(우리나라에는 〈기쿠지로의 여름〉이라는 영화로 알려져 있다.)의 코미디 영화 중에 이런 제목이 있다. "빨간 신호등에도 다함께 건너면 무섭지 않다." 이 제목만큼 군중심리의 위험성을 잘 표현한 말도 없는 것 같다. 어릴 적 학교 앞의 건널목은 정말 그랬다. 신호가 조금이라도 늦게 바뀔라치면 아이들이 하나둘씩 '신호등이 고장 난 거야'라면서 건너기 시작한다. 빵빵거리는 택시들도 있지만 개중에는 그런 차마저 손을 흔들며 세울 정도로 깡이 있는 친구도 있었다. 어느새 빨간불에 전교생이 건너고 있는 판이었다. 그게 대세였다.

빨간불에 학생들이 우르르 길을 건너면 빨간불에 혼자 건너는 것보다는 확실히 안전은 하다. 하지만 사실 파란불일 때보다는 여전히 위험한 것이다. 다만 위험한 게 나 혼자만은 아니라고 느끼는 것이 문제이다. 멀리서 파란불만 보고 달려온 차가 브레이크를 밟아도 달리는 속도 때문에 서지 못하는 수도 있다. 투자는 단기적으로는 어느 정도 제로섬 게임이다. 많은 사람들이 간 길이 잘못되었다면 반드시 다른 길로 간 사람들은 그 반사이익을 얻게 된다. 그 편에 서고 싶다면 이때 정신을 차려야 된다.

군중심리가 때로는 시장의 시세를 그 가치 이상으로 훌쩍 올려놓는 일이 있다. 더구나 군중심리에 사로잡힌 투자자들은 서로를 격려하면서 시세를 경쟁적으로 올린다. 하지만 군중심리로 투자를 해서 장기적으로 모두 성공하는 일이 일어난 적이 있었던가 생각해 보자. 역사적으로 그런 사례는 찾기 어렵다. 대부분 그런 시세의 끝은 가파르게 가치를 훨씬 상회하는 수준으로 올리기 때문이다.

어쨌든 시장이 정신없이 올라서 '버블'이라는 말이 처음 돌기 시작하면 그 시점에 현금화해야 하는 것이 현명했다는 것이 과거의 사례였다. IT버블과 인터넷버블이 그랬고, 리츠버블과 차이나주식시장도 버블과 함께 끝이 났던 것이다.

이 군중심리에서 가장 사람들이 갖기 쉬운 생각이 '벌 때 벌자!'이다. 지금 돈을 가지고 들어와 주식이든 펀드든 부동산이든 잠깐만 투자해도 20~30퍼센트의 수익이 나올 것 같다면 누구나 마음이 동하게 마련이다. 하지만 이렇게 쉽게 벌 것 같은 시기가 항상 가장 위험한 유혹이었다. 이것은 우리가 쉽게 당할 수 있는 지속 편견과 군중심리의 복합적인 함정이다.

지속 편견 :
이번에는 다르다

이 지속 편견^{persistence bias}은 시장이 상승하거나 하락하거나 일정한 추세를 계속 보일 때 일어나기 쉬운 생각의 오류이다. 이것은 어떻게 보면 지극히 당연한 현상으로 사람의 마음뿐 아니라 세상의 어떤 사물도 이 지속 편견 즉, 관성의 법칙에서 자유롭지 못하다.

이 편견은 말 그대로 시장이나 모든 것이 움직이는 방향대로 계속 움직일 것으로 예상하는 것인데 상식적으로도 그렇게 예상을 안 하는 것이 오히려 이상하게 생각된다. 사실 시장은 상승, 혹은 하락 추세가 잡혀 있다 해도 여전히 다음번에는 오르지 않으면 내리는 것이다. 그런데 시장이 장기간 상승하면 시장이 앞으로 오를 것으로 전망하는 시장 전략가들이 압도적으로 많게 된다. 이런 전망은 사실 큰 부가가치는 없다. 모두 다 똑같은 얘기를 하고 전망하기도 어려운데 시장이 갑자기 내릴 것으로 판단하여 용기 내어 실행하기는 매우 어려운 일이고, 이 지속 편견에서 완전히 자유로울 수는 없는 것이다. 또 시장이 내리기 시작하면 각종 비관적 전망이 시장에는 횡횡한다. 1500포인트를 하회하면 1200을 얘기하고, 1200이 되면 1000을 얘기하는 것, 이것은 지속 편견이다. 시장이 한 방향으로 가더라도 다음에 오르거나 내릴 확률은 여전히 반반이므로 다른 방향의 문호도 터놓아야 된다는 것을 잊지 말자.

70년대의 건설주 파동을 기억하는 투자자들이 많지는 않을 것이다. 모 건설사 주가는 1974년에 300원대에서 1976년에는 7,000원대까지 상승해서 다시 그대로 수직으로 50원 이하까지 내려가기도 했다. 그 사이에 기업의 가치에 영향을 줄 만한 거대한 변수가 없었던 것을 보면 참으로 이해하기 어려운 일이다.

지난 1999년과 2000년의 IT주식과 인터넷주식 붐에서도 마찬가지였다. 이 지속 편견이 만들어 내는 것이 버블이라면 그 시기에 사람들의 입에 오르는 단 하나의 멘트는 '이번에는 다르다'이다. 이번에는 과거의 버블과 달리 세상이 바뀔 것이라고 믿는다.

수익을 내는 사업이 제대로 없는 인터넷 기업의 주가가 급등을 지속하자 '이 인터넷산업을 기존의 굴뚝산업처럼 평가할 수는 없다'라는 궤변이 돌기 시작했다. 따라서 기존의 계량적인 주식의 가치평가를 바뛰야 한다는 것이었다. 당시에 그 논리를 정확히 반박하는 사람은 많지 않았다. 논쟁이 벌어져도 자고 나면 오르는 인터넷주가에 기가 죽었기 때문이었을까, 아니면 조만간 미래에 이 인터넷사업이 수익을 많이 가져다줄지도 모른다고 생각했을 까.

80년대의 버블을 보자. 일본 주식시장의 80년대 시장의 평균 PER는 50~60이었다. 투자 분석가들은 일본이라는 특수성에 프리미엄을 추가해줬다. 전 세계적으로 일본 기업의 경영 방식을 배워야 한다고 할 때였기 때문에 미국시장의 평균 PER은 12이고 일본시장의 PER는 당연히 55인 것이다. 그것에 토를 달 사람이 단 한 명도 없었다. 그리고 나서 일본 주식시장은 침몰하였다.

같은 일이 중국, 러시아에서도 일어났다. 2007년의 상해종합지수의 시장 평균 PER는 70이었다.(모든 평가를 PER로 하자는 것이 아니라 일례를 들어 설명하는 것이다.) 마찬가지로 많은 분석가들이 중국의 세계경제에서의 역할, 그 무한한 잠재력, 규모, 성장성을 보면 지금 PER가 다소(?) 높다하더라도 이는 올해에 증가하는 기업의 수익을 감안하면 PER가 다시 50 정도로 낮아질 것이기 때문에 오히려 아직도 사야 한다고 하였다. 왜냐하면 이번 중국 붐은 과거의 일본 붐과 다르고 인터넷 붐과도 전혀 다르다고 믿었기 때문이다. 그러나 그때에도 별로 다르지 않았다.

미국의 서브프라임 모기지 사태도 결국은 지속 편견 때문에 발생한 것이다. 재미교포 밥 김은 부모님이 사는 시애틀을 떠나 새로 구한 직장이 있는 LA의 한 부동산 중개사무소에 들렀고, 요즘에는 샀다하면 오르는 게 이곳 집값이라는 말과 다른 사람들이 얼마나 이익을 보고 있는가 하는 말에 끌려 생각지도 않은 집에 대출을 받아 투자하게 되었다. 이렇게 서브프라임 모기지의 버블은 진행되었다. 그래서 대부분의 아파트는 매출 소유자가 자신이 갚을 잔금보다도 훨씬 낮은 금액에서도 거래가 잘 안 되고 있는 것이 2008년 현재의 미국 부동산 거품의 후유증이라는 것은 여러분도 익히 아는 바일 것이다.

한번 움직이기 시작하면 영원히 움직일 것으로 믿는 관성의 법칙, 그리고 모두 광분할 때 내뱉는 자기합리화의 한마디, 다시 강조하자면 그것은 '이번에는 다르다'였다. 이 말은 '이번에는 저번처럼 꼬꾸라지지 않고 계속 오른다'나 '이번의 이머징마켓 붐은 과거의 선진국가의 호경기와는 비교가 안 될 정도이다'라는 자기합리화이고 희망사항이다. 하지만 이것도 결국에는 거대한 후유증을 남기고 사라진다. 그 당시 시장의 전반적인 생각은 "이번엔 시장 패러다임이 바뀌었다. 인터넷이 세상을 바꾸었다. IT혁명! 미국 부동산은 다르게 평가해야 한다. 이번에는 다르다." 등이다. 결국 이 기대감이 관성의 법칙과 함께 사람들의 마음을 들쑤셔 놓았고 이에 휩쓸린 애꿎은 투자자들에게 큰 손실만 남겨 주고 말았다.

재미있는 것은 인터넷이 세상을 바꾸기는 하였으나 주식시장을 그만큼 바꾸지는 못하였다. 왜냐하면 숫자상으로 움직이는 범주는 옛날과 그대로였기 때문이다. 가치평가라든가 성장성이라든가 기업으로서의 지속가능성 등이 말이다.

대부분의 애널리스트나 이코노미스트의 전망 역시 지난 숫자에 대한 해석과 지난 숫자의 연장 선상의 전망이 많다. 시장이나 모든 것이 움직이는 방향대로 계속 움직일 것으로 예상하는 것인데 상식적으로도 그렇게 예상을 안 하는 것이 오히려 이상할 정도이다. 이것을 지속 편견이라고 하는데 사실 그렇게 전망하는 것이 리스크는 적어 보인다. 하지만 시장은 상승, 혹은 하락 추세가 잡혀 있다 해도 여전히 다음번에는 오르지 않으면 내리는 것이다. 그런데도 시장이 장기간 상승하면 시장이 앞으로 오를 것으로 전망하는 시장 전략가들이 압도적으로 많게 된다. 이렇게 모두 다 똑같은 얘기를 하니 앞으로 시장이 내릴 것으로 전망하는 것은 대단한 용기와 논리가 필요할 것이다. 그래서 어느 누구도 이 지속 편견에서 완전히 자유롭기는 쉽지 않다. 시장이 내리기 시작할 때에도 똑같은 현상은 일어난다. 이때 시장에는 각종 비관적 전망이 횡횡하는데 앞서 얘기한 1900포인트를 하회하면 1700을 얘기하고, 1700이 되면 1400을 얘기하는 것, 이것은 분명히 지속 편견이다. 하기야 그것이 틀리더라도 다른 전문가들도 다 지속 편견성의 리포트를 내고 있는데 무슨 위험 부담이 있을까. 하지만 정말 대가들은 변곡점을 집어내기도 하고, 그 추세가 바뀔 요인을 미리 알아내기도 한다. 지속 편견은 결국 깨진다는 것을 알기 때문이다. 시장이 한 방향으로 가더라도 다음에 오르거나 내릴 확률은 여전히 반반이므로 다른 방향의 문호도 터놓아야 된다는 것을 잊지 말자.

그러면 이 지속 편견에 빠지지 않기 위해서는 어떻게 해야 할까? 그러기 위해선 우선 과거의 역사적 사실에서 해답을 찾아보는 것이 좋을 듯하다. 큰 흐름의 그림 속에 현재의 상황을 비춰 보면 비정상적으로 돌출된 현상을 찾을 수 있을 것이다. 이때에도 그때와 지금과는 다르다는 편견을 갖지 말고 그 사례를 들여다봐야 한다. 그리고 예전에도 그랬었지 하고 얘기를 해줄 경험자의 조언도 중요하다. 기업의 경영 판단 역시 여기에서 크게 벗어나지 않는 것 같다. 투자를 하든지 기업을 경영하든지 과거의 경험이 많고 그때를 기억하는 통찰력 있는 원로 임직원의 풀을 어느 정도 유지하는 것은 회사로서는 아주 좋은 경쟁력이 될 수 있다. 그런 인력의 풀은 경험에서 얻은 통찰력이 있어야 하고 동시에 과거의 틀에 얽매이지 않는 까다로운 조건을 갖추어야 될 것이다. 결국 과거의 경험이 많지 않은 직원들만으로 구성된 조직은 결국 매번 새롭게 당할 가능성이 많다. 이번에도 다르지는 않을 것이다.

사후 예측 편견 :
내가 그럴 줄 알았다

여러 사람이 모였을 때 이런 질문을 해 보자. 북한산의 높이가 얼마일까요?

① 673m ② 749m ③ 836m ④ 945m

답은 ③번 836m이다. 그러면 알아맞힌 사람을 제외하고 틀린 사람들에게만 물어보자. "잘못 찍은 답 말고 또 다른 답으로는 무엇을 생각했나요?"하고 물어보면 어떤 답이 나올까? 거의 대부분, 아니 모두 다 ③번이라고 답을 한다. 이 이야기는 무슨 뜻일까?

서울에 사는 대부분의 사람들이 북한산을 보며 자라서 잘 알기 때문일까? 아니면 그만큼 중학교 때 지리공부를 열심히 했다는 것인가? 그도 아니면 북한산에 주말마다 오르기 때문이란 얘기인가?

그보다는 사람들은 어떤 결과를 알고 나서 그 전부터 자신이 그것을 예견하고 있었다라고 생각하는 오류를 갖는다는 것이다. 이렇게 얘기하면 대부분은 인정하지 않지만 말이다.

어떤 학교에서 생긴 일이다. 한 학생이 선생님에게 꾸중을 듣자 선생님에게 대들며 반항적으로 나왔다. 그 얘기를 전해들은 몇몇 선생님들은 그 애가 사춘기려니 하고 넘겨들었다. 하지만 나중에 그 아이가 고아원 출신이라는 얘길 듣게 되었다.

그러고 나서는 '어쩐지…… 역시 부모 없이 자란 애들은 버릇이 없고 반항적이야.'라고 생각을 정리해 버린다. 그런 후 다른 선생님들도 그 아이를 '고아원에서 자란 거칠고 반항적인 아이'로 단정 짓고 다른 아이들보다 좀 더 거칠게 다루고, 무슨 문제가 생기면 그 아이를 먼저 의심하게 된다. 이러한 반응들은 그 고아원의 아이를 더욱 거칠고 반항적으로 만들게 된다.

이것은 사람들이 흔히 갖는 편견으로 사후 예측 편견hindsight bias이라고 한다. 이 편견을 갖는 사람이 흔히 하는 말은 "내가 그럴 줄 알았어!"이다. 이 편견의 1차 피해자는 아이이지만 그 다음의 피해자는 학교의 친구들과 이렇게 생각을 한 선생님이다. 사실이 아닌 것을 자기의 논리로만 사실화하는 것이 사후 예측 편견이다. 일상생활에서의 이런 편견은 한 사람의 인생을 왜곡시키기도 하고 많은 사람을 불행하게 만들기도 하지만 투자의 세계에서는 한 단계 더 나아가 이렇게 생각을 왜곡한 자기 자신이 가장 불행해질 수 있다. 왜냐하면 이런 식의 생각을 갖는 사람들은 스스로에 대해 막연한 자신감을 쌓아가는 경우가 많고, 그래서 스스로가 투자의 대가인 양 방심을 한다. 따라서 타인의 의견을 경청하지 않고 귀를 막고 사는 수가 있는 것이다.

기업의 경영에서도 이런 상황은 수시로 발생한다. 항상 많은 얘기를 듣고 말하는 경영진들도 많은 생각을 평소에 하기 때문에 모든 의견에 대해 '내가 이미 다 생각해 두었던 거야. 역시 나는 현명해'라고 생각하는 경향이 있다. 그러니 사후 예측 편견의 함정에 빠져 자기 과신으로 나태해지기도 하고 남의 말을 경청하지 않기도 한다. 그리고 확실히 자신의 판단이 맞다고 생각하는 것이다.

소규모의 직장에서도 이런 사후 예측 편견을 가진 상사가 많이 있다. 한 명의 부하 직원을 소위 말해 한 번 찍으면 계속적으로 문제시하는 습관이 있는 상사가 있다. 문제는 이 편견의 희생자가 그 부하 직원이 아니고 본인이라는 것이다. 이런 상사는 자신이 태만하다거나 무능하다고 찍은 직원이 계속 문제를 일으켜야 자신의 능력이 검증되니 그 방향으로 계속 몰아가는 것은 당연하다. 이런 생각의 오류로 인한 최종 희생자는 아까도 얘기했듯이 자기 자신이다.

또 다른 예를 들어 보자. 어떤 투자 설명회에서 전문가들의 의견을 듣고 나온 한 투자자가 옆에 있는 친구에게 이렇게 말했다.

"그 애널리스트가 얘기하는 것 들었지? 내가 생각하던 것과 똑같은 얘기를 하더군? 내가 항상 그렇게 얘기하지 않았나?"

"자네는 뭐든지 다 자기가 생각하던 거라더군. 언제 안 그런 적이 있던가?"

이 얘기는 두 가지일 가능성이 많다. 첫 번째 경우로 그 투자자가 그렇게 생각했다기보다 자신이 언뜻 해본 많은 생각 중의 하나를 그 전문가가 얘기했거나, 아니면 그 얘기를 듣는 동안 그 논리에 빠져 이미 자기 자신이 그 생각을 했다고 믿고 싶어 스스로를 속였을 가능성이 많다. 생각이 이런 방향으로 흘러가는 사람이라면 자기 자신과 그 전문가의 의견을 동일시해서 자신이 전문가가 되었다고 착각하는 자기 과신에 빠질 가능성이 매우 높아진다. 나는 항상 현명하고, 나는 항상 옳은 자리에 있고, 나는 항상 상황 판단을 잘한다면 다른 사람의 얘기를 들을 필요가 없다. 내 생각만 옳고 내 판단이 중요하면 이미 세상의 나머지에서 오는 정보는 차단하고 살아가는 것이다.

이 사후 예측 편견은 카네기 멜론 대학의 바루치 피쇼프 교수가 연구한 것으로 어떤 일이 일어난 후에 그 논리나 결과가 너무 당연하고 간단해 보이며 이해하기 쉬운 것으로 다가오기 때문에 이전부터 자신이 이미 알고 있었던 것처럼 착각하는 경향을 말한다. 이런 경향은 사람마다 조금씩 다 있고 자신감이 있을 때 이런 경험을 많이 하게 된다.

그래서 입버릇처럼 "내가 그럴 줄 알았지."라는 말을 하게 된다.

이런 말을 많이 하게 되는 사람들은 대체로 생각도 많고 실제로 연구도 많이 하는 사람들에게서 나타난다. 여러 의견도 많이 들어 봤고 자신도 의견을 가져 본 사람들이 흔히 겪는 오류이다. 이런 경향을 가지게 되면 결과적으로 그 당사자는 스스로 자신의 예측 능력을 과대 평가하게 된다. 전문가의 의견을 자기 의견과 동일시하고 그 전문가와 자신의 판단 수준을 거의 동등하다고 보는 것이다. 그래서 상황을 조금만 봐도 앞으로 사태 돌아가는 것이 파악되고, 다음에는 어떤 일이 일어날까를 예측하는 도사와 같은 능력을 자신이 갖고 있다고 생각한다. 실제로 그런 능력을 갖는 사람이 없지 않겠지만 그런 사람이 무척 많은 걸로 보아 사람들이 모두 그런 능력을 가졌을 것 같지는 않다. 결국 그것은 착각일 가능성이 매우 높다.

그런데 이렇게 착각을 하는 데에 따른 부작용은 어떤 것이 있을까?

우선 내가 상황 판단을 종합적으로 잘해서 누구보다도 미래를 읽는 능력이 있으니 나 자신의 논리에만 집중을 하게 된다. 따라서 불필요하게 남의 의견을 듣기 위해 귀를 열 필요가 없다. 그래서 이 착각으로 생기는 과신으로 인해 가장 위험해지는 것은 결국 자신이다. 왜냐하면 자신의 생각만 강화해 나가면 투자할 때나 기업 경영에서 많은 부작용을 가져오는 것은 당연하다. 그리고 투자에서 이런 편견을 가지면 투자 시장을 너무 자의적으로만 해석해서 미래를 터무니없이 판단, 예측한다. 그로 인해 투기적으로 투자를 하는 실수를 저지를 수 있고, 기업에선 경영자가 이런 편견을 갖는다면 귀를 닫는 경영자가 되거나 자신감이 너무 많아 리스크를 무리하게 많이 떠안는 일들을 추진할 가능성이 높다. 회사를 위험으로 몰아가는 것이다.

그리고 처음에는 직원들의 말을 많이 들어주던 CEO가 나중에는 거의 경청을 하지 않는다면 이 편견의 희생이 되었을 가능성이 많다.

어떤 일이 있고 나서 "그래, 어쩐지⋯⋯ 결국에는 수익을 내지 못하는 인터넷 관련 주식은 폭락할 거로 봤어. 내가 그럴 줄 알았다니까." 라든가 "베트남 주식이 나중에는 예전의 인터넷 주식처럼 끝이 날 줄 알았지. 내가 애초에 생각하던 것과 똑같아." "이럴 줄 알았어." 그런데 만약 정말 그렇게 생각했다면 그에 맞게 행동했어야 했고 또 그랬을 것이다. 하지만 이런저런 변명을 대며 하지 않았다는 것은 자신의 생각이 그렇지 않았다는 명백한 증거이다.

그런데도 자신이 그것을 미리 예측했다고 스스로도 믿는 것이다. 자기 자신도 감쪽같이 속이는 생각이다. 이렇게 얘기를 하는 습관이 되면 사람들은 자신이 모든 것을 예측하며 안다고 생각하는 우를 범하게 되며 그 다음 단계의 추가적인 노력은 덜하게 된다.

즉, 이 도사님은 자리에 앉아서만 세상을 보게 되고 제한적인 정보만 접하고 자만에 빠지게 되는 것이다. 사실 이렇게 자신감이 강해지면 타인에 대한 이해도 약해지기 마련이다. 잘못된 결과에 대해 부하 직원을 심하게 질타하거나 좋은 결과에 대해 지나치게 칭찬하는 등의 독선으로 흐르게도 된다.

그러면 이런 편견에 안 빠지려면 어떻게 해야 할까?

이것 역시 자만에 의한 현상이기 때문에 스스로 자만하고 있다는 생각을 하기는 사실상 거의 힘들다. 마찬가지로 주위의 다른 사람이 얘기해 주기도 어렵다. 다만, 방법을 찾자면 지속적으로 과거의 잘못된 투자나 다른 모든 잘못된 판단에 대한 제대로 된 성찰과 여기서 얻는 통찰력 등을 통해서 편견을 덜 갖게 할 수 있을 것이다.

심리회계 :
손해 보고 있는 종목부터 팔아라

A은행 강북지점의 장기적 차장은 자신의 VIP고객 중의 한 사람인 막무가내 여사로부터 전화를 받고 황당해하고 있었다.

막 여사는 장 차장이 여러 종류의 펀드를 추천하여 이미 투자하고 있었으며, 마침 시장도 좋고 펀드 선택도 좋아서 수익이 매월 증가하고 있었다. 다섯 개의 펀드 중 네 개의 펀드는 수익이 연간 20~30퍼센트 대였고 그 중 단 하나, 코스닥펀드만 마이너스였다. 그래도 전반적으로 평균 20퍼센트 이상의 수익을 내고 있었기 때문에 고객이 흡족해하리라 생각하고 있었던 터였다.

그러나 전화를 건 막 여사의 목소리는 의외로 싸늘했다. 마이너스가 난 코스닥펀드에 대해 어떻게 할 것인지 추궁조로 장 차장을 몰아세우는 것이었다. 이에 장 차장의 한마디.

"아니, 사모님. 다른 펀드들도 단기적으로는 안 좋았다가 나중에 좋아졌던 적이 있지 않았습니까? 그리고 모든 펀드가 어떻게 다 좋겠습니까? 그리고 다섯 개 펀드의 수익을 모두 다 합하면 성과가 굉장히 좋은 편 아닙니까?"

이에 막 여사가 하는 말. "아니, 코스닥펀드는 내가 하지 말자고 했는데, 그걸 해야 한다고 하더니 기어코 손해를 냈어. 이걸 어떻게 해, 지금 팔 수도 없고. 손해가 얼만데. 아무튼 내일까지 어떻게 할지 아이디어를 내 봐요. 내일 전화 또 할 테니까."

전화를 끊은 장 차장은 뭐가 잘못되었는지 곰곰이 생각을 해보지만 도저히 자신이 그런 얘기를 들을 정도까지 잘못한 거 같지는 않다. 제삼자가 들으면 모두가 장 차장의 입장을 수긍하지만 막 여사는 왜 그렇게 반응을 보였을까?

투자자들이 이런 생각을 하는 이유는 바로 심리회계(mental accounting)라고 하는 생각의 차이에 있다. 이것은 모든 투자를 여러 계정, 쉽게 얘기하면 여러 파일박스로 나누어 관리하고자 하는 생각이다. 그래서 각 펀드·주식·부동산 각각 한 건이 각 생각의 파일박스에 담겨서 따로 관리해 왔기 때문에 하나의 파일박스의 투자가 잘못되면 다른 투자의 성과와 관련 없이 투자가 잘못된 것으로 본다.

또 다른 예로 장기적 차장의 개인적인 재무 상태를 들여다보자.

장 차장은 중학교 다니는 자신의 두 아이들이 고등학교에 올라가면 쓸 과외비와 대학등록금으로 쓸 돈 등을 합해서 미래의 교육비를 따로 관리하고 있었다. 그것은 4,000만 원으로 은행의 6퍼센트짜리 정기예금에 들어 있다. 또한, 지금 사는 아파트는 2년 전에 1억 원을 은행에서 8퍼센트의 이율로 대출을 받아 샀으며 이에 대한 매월 이자를 갚고 있었다. 이렇게 장 차장은 아이들의 교육비 계정과 주택 관련 계정을 마음속으로 따로 관리하고 있었던 것이다. 만약 장 차장이 4,000만 원으로 은행 빚을 일단 부분적으로 갚으면 빚이 6,000만 원으로 줄고 단순 계산으로 4,000만 원에 대한 역마진이자 2퍼센트(연 80만 원)가 절약되는 것이다. 그러면 장 차장은 왜 그렇게 하지 않았을까? 이것은 합리적으로 설명되지 않는다. 다만 장 차장은 "그렇게 해야 될 거 같아서 그렇게 했는데요."라는 정도의 답을 하게 될 것 같다.

결국 장 차장도 막 여사처럼 각각 관리의 생각 즉, 심리회계에서 벗어나지 못했던 것이다. (장 차장 같은 경우처럼 반드시 어떤 목적 즉, 자식의 교육을 위해 따로 관리하는 것이 나쁜 방법은 아님을 주의하자. 다른 요인이 발생해도 학자금은 손 안 댄다는 의지로 볼 수 있다.)

이런 생각 역시 고스란히 투자자에게 피해로 돌아간다. 왜냐하면 만약에 어떤 파일박스에 들어 있는 하나의 투자가 수익이 안 좋고 장래의 전망까지도 안 좋다면 결국 환매를 해야(팔아야) 할 것인데 이 상황에서는 각 파일박스를 따로 관리하므로 해서 손해난 것과 이익 본 것을 따로 구분해서 관리하게 될 가능성이 높다. 만약 시장 여건이 나빠져서 전반적으로 투자 부분을 상당 폭 줄일 생각이라면 전망이 좋던 나쁘던 전체 금액을 줄이면 된다. 하지만 심리회계를 가진 투자자는 이익 본 거는 파는데, 손해 본 것은 못 파는 상황이 생길 수 있다. 손해난 것을 쉽게 팔지 못하는 심리가 발동하게 되는 것이다.

만약에 심리회계적인 생각을 하지 않으면 어떨까? 이 투자자가 후회를 피해야 한다는 생각을 가지고 있다고 해도 전체적으로 합해서 투자의 성과를 보면 20퍼센트 대의 플러스가 나 있기 때문에 마음 편하게 현재 전망이 안 좋은 투자 분을 손해를 봤든 말든 쉽게 팔 수 있을 것이다. 객관적으로 지금 현 시세에 좋아 보이는 것을 계속 보유하고 안 좋아 보이는 것을 덜어 내면 되는 것이다. 전쟁에서 승리하려고 모든 고지를 다 점령할 필요는 없다. 전반적인 판세를 잡으면 승리를 하는 것이다.

심리적으로 돈을 나눠서 생각하는 것이 합리적인 것 같아 보이지만 이 돈과 저 돈은 다르다고 생각하는 것이 잘못이다. 왜냐하면 돈에는 이름이나 꼬리표가 붙어 있지 않기 때문이다.

이런 심리회계는 사람들로 하여금 각 파일에 모든 것들을 억지로 분류한다는 데 문제가 있다. 그 분류 대상이 투자일 경우 위와 같은 상황이 되지만 대상이 사람이 될 경우는 조금 다르다. 예를 들어, 자신의 가이드라인을 그어 놓고 그 선 이내에 들어오는 사람은 OK, 그 선 밖에 있는 사람은 NO인 것이다. 매우 극명한 흑백주의 혹은, 소위 말하는 호불호이다. 보통 사람들은 "나는 호불호가 분명해."라고 얘기하는 것을 들을 수 있다. 이렇게 얘기하는 취지는 나는 매사에 분명하거나 칼같이 날카로운 이미지를 주기 위한 것 같다.

"그래서 나는 실적이 50 이하인 직원들만 집중적으로 관리하고 그들이 빨리 50 이상으로 넘어오도록 괴롭히지. 그리고 50이 넘는 직원들에게 좋은 업무의 기회를 주려고 애쓰지."

하지만 사람의 능력이 0에서 100까지 있는데 50 미만은 안 되고 50 이상은 된다고 봤을 때 과연 능력이 50인 사람은 회사에서 기회가 없고, 능력이 51인 사람은 기회가 주어지는 것이 맞을까? 무엇보다도 수많은 여러 직능 분야 중 어떤 것에서는 30인 사람이 80인 사람보다 나을 수도 있다. 무턱대고 이 사람은 되고 저 사람은 절대로 안 된다고 생각을 정리하는 것은 대단히 잘못된 심리회계이다. 투자를 제대로 하기 위해서는 호불호가 있는 사람은 불호이다.

번 돈 효과 :
돈에 꼬리표를 붙이지 마라

고니는 2003년 초 만기가 된 적금을 받은 2,000만 원으로 펀드투자를 결심했다. 전에 주식투자의 큰 실패로 자신이 없어 보수적으로 채권형 펀드에 투자하며 저축하듯 하려고 했지만 증권회사의 영업 직원은 고니가 아직 젊고 수입도 괜찮은 직장을 다니고 있으니 조금 리스크가 있는 국내 주식형 펀드에 투자할 것을 권유하였다. 고니는 그래도 손해 보는 것이 무서워 투자에 선뜻 나서지 못하였다. 오래 전에 IT 벤처기업에 투자를 해서 많지 않은 종자돈을 다 날린 경험이 있어서 손해 볼 가능성이 있는 투자는 절대로 하고 싶지 않았던 것이다.

그러는 동안 주식시장은 조금씩 상승하더니 1900대이던 코스피 지수가 이제는 2000을 넘어가고 있었다. 영업 직원의 전화도 고니를 설득하는 데 지쳤는지 더 이상 오지 않았다. 그러자 그동안 결정을 미루던 고니는 마침내 영업 직원에게 전화를 하여 국내 주식형 펀드에 투자를 해달라고 하였다. 그로서는 정말 다시는 하고 싶지 않은 주식투자였지만 시장의 열기가 그를 내버려두지 않았다. 그리고 이번에는 운이 좋은 듯했다. 고니가 투자한 후 시장은 약간의 조정을 거듭하며 고니의 마음을 조이게 하더니 드디어 전고점인 2200대를 돌파하며 본격적으로 상승하였다. 그리하여 이듬해가 되어서 지수는 2400대까지 상승하며 투자금액은 어느덧 5,000만 원이 넘어섰다. 순이익만 3,000만 원이 되는 상황이 되자 흥분한 고니는 영업 직원에게 또 다른 투자 상품을 추천해 달라고 하였다.

5,000만 원을 가진 고니는 이제는 적극적으로 투자를 공부하기 시작하였다. 투자 설명회도 다니고 주변의 친구나 동료들에게 투자 상담도 할 정도의 재야 전문가가 되어 가고 있었다. 주식형 펀드의 환매 자금으로 더 화끈한 투자꺼리를 찾던 중 마침내 투자금액 전부를 변동성이 심하지만 화끈한 중소형주펀드에 몰빵 투자를 하였다. 영업 직원은 다른 투자 상품으로도 분산할 것을 권유하였지만 자칭 펀드 전문가가 된 고니의 의지를 막을 수는 없었다.

고니는 왜 이렇게 소위 몰빵 투자를 하게 되었을까? 고니의 말을 들어 보자.

"아니 내가요…… 이제 투자 원금을 빼고도 3,000만 원이 이익인데 손해 보면 얼마나 보겠어요? 반을 손해 보겠어요? 설사 그런 일이 일어나더라도 여전히 500만 원 정도는 번 상태가 아닌가요? 그래서 적극적으로 투자를 해보려구요. 그리고 투자라는 게 뻔한 건데. 시장이 내려갈 것 같으면 그냥 두나요? 다 관리하지요."

이것을 전문용어로 번 돈 효과 house money effect라고 한다. 번 돈을 가지고 투자를 하니 어차피 내 돈도 아니었으니까 적극적으로 투기적인 거래를 할 여유가 생긴 것이다.

뿐만 아니라 주식투자를 하든가 부동산투자를 하든가 이익을 내면 돈을 헤프게 쓰는 경향이 있다. 어차피 얼마 전까지 내 돈이 아니었으니까 땀 흘려 번 월급과는 다르게 쓰는 것 같다. 어떤 돈은 빠듯하게 계획대로 쓰고 어떤 돈은 부담 없이 쓰는 식으로 같은 돈이라도 사람들은 돈에 꼬리표를 붙이고 싶어 한다. 월급은 생활비로 주로 쓰기 때문에 아껴 쓰려는 마음이 많지만 투자는 여윳돈으로서 말 그대로 여유롭게 생각한다. 그래서 수익이 나면 공돈으로 생각해서 평소의 씀씀이를 초과해서 사용한다. 사람들의 돈 씀씀이는 이렇게 해서 커지게 된다. 그동안 못 가던 해외여행도 가고 명품관에서 구경만 하던 핸드백도 산다. 유명 브랜드 상품과 아닌 상품의 차이가 300만 원이나 나도 감각이 둔해져서 유명 브랜드로 손이 가곤 한다.

로또 당첨자에게도 거의 이러한 번 돈 효과가 일어난다. 이런 부류는 처음에는 돈을 관리하려고 애를 쓰지만 이 돈은 결국 번 돈보다

더한 공돈이라는 생각이 강해서 물 쓰듯 쓰거나 경험도 없는 투자를 하면서 소진시키는 일이 비일비재한 것이다.

　더 큰 문제는 자신의 투자를 마무리하지도 않았는데 가격이 오른 것만 생각을 해서 미리 소비를 늘리는 사람도 많다. 이를 플러스 부의 효과라고 하는데 자산 가격이 많이 오를 때 이런 현상이 많이 일어나고 이것은 소비를 늘려 경제에도 도움은 된다. 하지만 개인으로서는 돈이 손에 들어오기도 전에 이미 번 기분을 내는 것은 조금 빠른 감이 있다. 결국 투자에서 성공의 기회가 귀중하다고 여긴다면 이런 투자로 해서 생긴 돈도 월급과 같이 귀중한 돈으로 생각하는 습관이 필요하다. 이 것의 또 다른 부작용도 있다. 돈이 많이 벌릴수록 투자를 게임으로 생각하며 돈의 가치에 둔감해진다는 것인데, 조그만 화투판에서 갑자기 많이 벌어 본 사람은 그 기분을 알 것이다. "투자는 게임 아니야?"라고 얘기한다면 그는 이미 번 돈 효과의 희생자가 되었다는 얘기다.

　얼마 전에 강원랜드에 아내와 함께 간 적이 있다. 20년 전에 라스베거스에서의 아픔이 있었기 때문에 이런 카지노에 가면 단돈 일 원이라도 꼭 따고 오리라 다짐을 했다. 고작 해야 슬롯머신(파친코)을 하였지만 말이다. 가진 돈이 거의 털려가는 찰나 아내의 기계에서 자지러지는 소리가 나더니 동전이 우르르 폭포수처럼 쏟아지는 것이었다. 다 세어 보니 6만 5천 원. 그동안 둘이 잃은 돈과 합쳐 평가를 하여 보니까 본전을 제하고 3만 원이 업소(?)를 대상으로 번 것이다.

계속하려는 아내의 손목을 잡고 나는 말했다.

"이제 일어나야 돼."

"왜? 이제부터 붙는데."

"들어올 때 약속했잖아."

"그래 그래. 가시자고. 그런데 목이 마르고 하니 뭐라도 저기서 마시고 가자."

홀 가운데 휴식공간이 있었다. 거기서 마신 음료와 스낵 비용을 빼니 손에 남는 돈은 만 오천 원이 여전히 번 상태였다. 하지만 왕복 자동차 기름값까지 따져 보니 당연히 마이너스다. 어차피 마이너스인데……

"마저 지르고 갑시다." 어차피 손해 봤으니 다 써버리자. 이것을 '이왕 버린 몸 효과'라고나 할까?

다시 고니의 무용담으로 돌아가자.

그 이후에도 고니는 중소형주펀드로 상당한 수익을 남겨 원금이 거의 1억 가까이 되었다. 이제는 주위로부터 투자에 관한 소규모 과외도 부탁받는 상황이 되었고, 자신을 얻은 고니는 완전히 리스크테이커(위험 감수 투자자)가 되었다. 남들보다 앞서 투자를 하기 시작하였던 것이다. 그러던 고니에게 첫 번째 쓰라린 실패를 준 것은 ELS였다. 시간이 흐른 후 ELS의 손실을 정리, 다시 정신을 차리고 리버스ETF를 옮겨 탄 것은 이중의 실패를 가져왔다. 이로써 고니는 1년 반 사이에 70

퍼센트의 손실을 보았다. 하지만 고니는 여전히 투자에 적극적인 중독성 투자자가 되어 있었다.

고니는 투자 성공 후에 다른 조언자의 어떤 말도 듣지 않는 사람이 되었다. 하기야 본인이 자타가 공인하는 투자의 전문가인데 누구의 말을 들을까. 처음의 리스크를 생각하는 마음도 없어진 지 오래되었고 미리 조사하는 신중함도 없어졌다. 다만 돈 놓고 돈 먹기 식의 게임을 계속하는 것뿐이었다.

이 얘기는 일반 투자자들의 전형적인 투자의 예이다. 다만, 중반의 번 돈 효과와 후반의 과신 편견만 없었으면 강세장에서 투자금액을 어느 정도 지키며 다음 강세 시장에서 또 다른 기회를 볼 수도 있었을 텐데, 아쉬울 따름이다.

짧은 경험 편견 :
그래 이거야

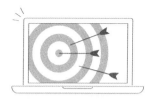

가장 최근의 사실에 지나치게 민감하게 반응하는 것. "그래! 이거야"라는 말에 현혹되어 투자를 그르치는 수가 많이 있다. 무서운 영화를 보면 그날 밤에 화장실 가기가 은근히 무섭고, 누가 뭐라고 부정적인 얘기를 하면 귀에서 맴돌며 불안하게 되는 것이 이 심리현상이다. 사람이라면 누구든 정도에 따라 겪게 되는 현상이지만 사람에 따라서는 더 귀가 얇은 사람들이 있게 마련이다.

최근에 생긴 일이나 정보는 사실 나와 운 좋게 맞아떨어져서 내 귀에 들린 것이다. 그런 사실을 내가 즉각 반영을 한다는 것은 운에 의해 나의 행동이 지나치게 좌우된다는 뜻이다. 문제는 최근에 생긴 일로만 모든 판단이 일어난다면 투자나 모든 결정은 원칙이 없어진다.

무엇이든 전과 후가 있을 텐데, 내가 판단하는 순서란 오직 나에게 그런 아이디어가 오는 순서가 된다. 투자를 할 때도 최근에 들은 정보에 따라 오늘의 생각과 내일의 생각이 달라지면 포트폴리오는 엉망이 될 수 있다. 귀가 얇아 자신의 생각이 오락가락 하는 투자자에게 투자성공은 요원한 일이다.

이런 현상은 직장생활에서도 발견된다. 기업의 관리자는 어떤 투자 건을 조사하거나 업무 판단을 하며, 최근에 들은 정보가 정말 즉시 대응해야 할 비상시의 정보인지, 아니면 중기적으로 대응을 해야 되는 정보인지를 먼저 분류하는 현명함을 가져야 한다. 따라서 오늘 꼭 행동해야 할 내용이 아니라면 더 많은 시간을 갖고 검증하고 실행방법을 생각해서 계획적으로 움직여야 한다. 하지만 많은 관리자들은 거의 모든 정보에 대해 바로 대응해야 될 것만 같은 생각의 오류를 범한다고 한다.

그 이유는 첫째, 일단 마음이 급하기 때문이다. 이는 빨리 결과를 보고 싶어 하는 조급함인데 공룡 같은 회사의 변화는 금방 일어나지 않는다. 급히 잘못 대응하면 결국 나중에 비용이 더 많이 드는 경우를 보게 된다.

둘째, 그다지 많은 정보를 접하지 않은 회사의 간부라면 제한적인 정보에 휘둘리게 된다. 만약에 수많은 정보를 접하는 사람이 있다면 아마 그는 그 중에서 걸러서 취할 것을 찾을 것이다. 어차피 내일도 모

레도 정보가 홍수처럼 들어오는 것을 알기 때문이다. 직원들의 식견을 많이 늘리게 해주는 것이 중요한 대목이다.

마지막으로, 경험이 많지 않기 때문이다. 이를 짧은 경험 편견이라고 한다. 경험이 많지 않으면 많은 경험을 하기 전까지는 들리는 정보를 일단은 축적하고 해석하는 데 주력해야 한다. 중요한 사실을 듣고 가만히 지켜만 본다는 것은 보통 인내력이 아니면 어렵다. (하지만 이경험 부족인 사람이 "이것저것 다 해봤지요. 다 쉽지 않아요."라고, 경험은 있지만 지쳐서 체념하는 스타일보다는 나은 것 같다.)

"우리 부장님은 아침에 한 지시 내용이 그날 오후와 달라. 정신없어. 별명이 뭔지 알아? 냄비야."

회사 휴게실에서 어느 30대 초반의 직장인들이 하는 대화를 들었다.

"그래. 아까 누구한테서 무슨 얘기를 들은 모양인데 매출만 늘려야 된다는 거야. 어제까지는 수익 위주로 거래를 하라고 해놓고, 누가 그 인간한테 뭐라고 얘기한 거야?"

이 편견에 휘둘리면 부하 직원들로부터 존경받기는 희망사항일 뿐이다. 이쯤 되면 그 부장은 거울인간이 된다. 주변의 얘기가 다 즉각 반영되는 것인데 문제는 거기서 그치지 않는다. 어제 듣고 오늘 지시한 내용은 그만큼 심사숙고해서 내놓은 것이 아니기 때문에 시간이 지나 생각해 보면 그게 아니다 싶어 내일은 슬그머니 꼬리를 내리는 것이다.

이것에 익숙한 직원들은 어떤 지시를 해도 이렇게 말한다.

"과장님, 부장님이 오전에 즉시 만들라고 지시한 그 자료 준비해야 할까요?"

"좀 보자. 이삼 일 후에도 찾으면 그때부터 해도 돼."

아마 그 부장은 무서운 영화를 보면 그날 밤에 화장실을 못 가는 겁쟁이인가 보다. 상사가 이렇게 얇은 귀를 가지면 주변에는 아부를 하거나 상사의 생각을 흔들어 보려는 부하들이 많이 생긴다.

"이번에 투자 건 말입니다. 너무 리스크 부담이 많습니다."

"왜, 어째서……?"하며 논리적으로 듣지 않고 "어, 그래? 얘기 좀 해봐."라고 하며 솔깃하게 들리는 대로 듣는다. 이런 류의 상사들에게는 듣는 순간에 이 세상에는 그 투자 건의 리스크밖에 없다고 필사적으로 들릴 수 있다.

"이번의 신사업 건은 당장 그만두어야 합니다. 회사의 브랜드 이미지에도 큰 문제가 될 수 있구요. 그것을 담당하는 부장의 실행 능력에도 문제가 있습니다."

"어, 왜? 얘기 좀 해봐."

뿐만 아니라 이런 얇은 귀를 가진 상사의 의중을 더 깊이 파고드는 부하도 있다.

"사세를 확장하려면 이런 불경기에 M&A를 적극적으로 해 봐야 되는데 왜 이렇게 반대하는 사람들이 많지?"

"그 사람들 아무 생각 없이 회사 나오는 사람들입니다. 아주 큰 문제입니다."

"맞아. 이 자식들!"

"저번의 영업 캠페인이 효과를 좀 봤는데 계속해볼까? 어떻게 생각해?"

"부장님이 만든 그 캠페인밖에 회사의 실적을 올릴 방법은 없습니다. 강력하게 밀어붙여야 됩니다."

이것이 사실일 수도 아닐 수도 있지만 이런 얘기를 들으면 외로움에 젖은 상사의 마음에는 상당한 카타르시스가 된다. 그러면 그 직원들은 원래 그랬을까? 나는 그 직원들이 처음부터 아부꾼이 아니었다고 생각한다. 그런 상사를 만나서 부하들이 그런 경향을 띠게 된 거라고 여겨진다.

사실 아부를 싫어할 상사는 없다. 어느 CEO는 "난 누가 나한테 아부하는지 알아. 하지만 그런 애들도 내가 답답하고 스트레스 받을 때는 필요해."라고 얘기를 한다.

아부는 직장생활에서 어느 정도는 윤활유 역할을 한다. 이게 아부인지를 판별하는 맑은 눈을 유지만 한다면, 그런 부하를 곁에 두는 것이 적어도 기분전환에는 좋다.

큰 기업의 경영에서도 이런 편견을 많이 발견하는데 이것을 전문용어로 '최근성 편견recency bias'이라고 한다. 기업의 경영은 중장기적인 관점에서 경영이 되어야 함에도 대부분의 기업들은 단기적인 관점에서 서두르는 경향이 많이 있다. 앞서 얘기한 서브프라임 위기가 결국은 단기적인 경영 관점으로 군집 효과가 생긴 것이다.

"L사는 대량으로 해외 채권의 구조를 짜서 새 상품을 판매한다는군요. 우리도 안 할 수 없을 것 같아요. 만약에 안 하면……."

"이거 안 할 수 없어. 즉각 팀을 구성해."

"B사는 차입 규모를 늘렸대요."

"어떤 구조로 빌렸는지 알아보고 즉시 따라 시행해."

따라서 시장의 유행과 같은 그런 사실에 의해 많이 영향을 받는 것 같다. 예를 들어, 시장이 좋아진 지 한참 지난 시기에 갑자기 주식투자에 대해 공부를 하는 투자자들이 많이 있다. PER가 뭔지, PBR이 뭔지, EV/EBITDA에 대해 공부를 하고 그것이 만능인 줄 알고 상장기업책자를 학교 다닐 때의 영어사전처럼 곁에 두고 사는 것이다. 그 전부터 그랬으면 좋으련만.

"PER라는 게 있더군. 그거 좋은 주식으로다 좀 골라 줘 봐."

"예?"

"그게 저평가된 회사라고 어느 전문가가 그러던데."

"그렇긴 한데요."

"그러니까 몇 개만 좀 찾아봐."

"내가 투자하는 그 주식은 PER가 낮은 데도 자꾸 주가가 떨어지는데. 좀 더 사 볼까?"

"……"

PER만 낮은 주식에 투자해서 성공할 수 있다면 투자이론이고 경제이론이고 얘기할 필요가 없다. 이는 앞의 칵테일파티 이론 그대로이다. 시장이 좋아질 때 이것저것 연구를 하고, 시장이 나빠지면 그때는 투자의 관심을 접는 이런 유형의 투자가는 백발백중 그 시기의 투자금액을 수업료로 날릴 가능성이 높다. 이것은 흔한 실패 유형이다.

결국 엄청난 운이 따라 주지 않는다면 투자를 배워가며 성공하기는 불가능하다. 따라서 소규모의 자금일 때부터 관심을 갖고 테스트 운행을 해보는 것이 좋다. 운전을 미리 배우지 않고 시내 주행부터 먼저 하는 것처럼 위험한 일은 없기 때문이다.

3장 _____

나의 투자심리-
약세장의 투자심리

약세장의 투자심리

주식시장은 오랜 강세장을 지나면 어느덧 약세장에 접어든다. 주식시장을 너무 가까이서 들여다보면 강세장과 약세장이 확연하게 드러나지 않는다. 너무 가까이서 보기 때문이다. 어떤 투자자들은 자신이 아직까지 여기 약세장에 남아 있는 것이 마치 학생들이 방학하고 나서도 학교에 매일 나와야 되는 것처럼 싫어한다. 하지만 시장은 상승을 하든 하락을 하든 어느 정도 거리를 두고 적당한 거리에서 지켜봐야 한다. 완전히 떠나는 것만큼 위험한 일은 없다

약세장에서 투자자들이 겪게 되는 대표적인 생각 중 하나는 후회이다. 이것은 일종의 미련일 수도 있다. 그리고 시장이 하락을 더 하는 경우 느낄 수 있는 또 다른 심리는 공포이다. 이 공포 체험은 다양하게 투자자들을 힘들게도 하고 또 다른 기회를 제공하기도 한다. 공포 체

험이란 어떤 아이들에게는 테마파크에서 즐길 수 있는 재미이기도 하지만 말이다.

후회 기피 편견 :
팔고 나서 올라도 후회하지 마라

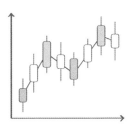

어느 정도 투자를 해본 투자자라면 자기 나름대로의 투자에 대한 관점을 자연히 갖게 된다. "주식은 나하고는 안 맞아."라든가 "상가 같은 수익형 부동산이 제일 안전해." 등의 자신의 견해를 갖는데, 이것은 투자를 하면서 자신이 얻은 다양한 투자경험으로부터 자연스럽게 습득하게 된다. 그런데 그 중에는 그동안 투자가 순조로웠으면 문제가 없겠지만 당연히 작은 실패를 겪기도 하고 그로부터 정신적 물질적 고통을 겪기도 한다. 이쯤 되면 어떤 사람들에게 투자란 절대 해선 안 될 일이 되기도 한다.

주위에서도 "나는 돈이 생기면 무조건 은행 예금이야. 절대로 다른 데는 안 가지. 부동산도 못 믿어." 하는 이를 심심치 않게 본다. 역사적으로 투자가 금리보다는 훨씬 높았다고 얘기해도 듣지 않는다. 투자를 생각조차 하고 싶지 않은 이런 부류의 사람들에게는 이런 말은 소귀에 경 읽기이다.

인간은 누구나 자신의 경험을 토대로 그것을 분석해서 미래의 행동을 하게 된다. 그래서 지금의 투자 결정을 미래에 후회할 것 같은가 유심히 고려하고, 후회할 것 같으면 투자 결정을 하지 않는다. 과거의 좋았거나 쓰라린 경험들이 현재의 투자 결정과 미래의 투자에 막대한 영향을 주는 것이다. 그래서 투자 결정 시에 다소 우유부단한 소극적인 부작용을 낳기도 하는데, 결국은 모든 투자의 선택에 보수적일 수밖에 없다.

"아니, 내가 사면 빠지고 내가 팔면 오르는 데 미치겠어."라는 말은 일선 투자자들이 수없이 듣게 되는 말이다. 이런 과정이 실제로 많이 있었는지 아니면 불과 한두 번의 경험이 각인된 것인지는 모르겠지만 이로부터 사람들은 위축되는 후회 기피 증상을 얻는다. 그래서 매번 투자 결정에서 "혹시 이번에도 그런 일이?"하는 말이 뇌리를 맴돌며 객관적이고 합리적인 투자 결정을 방해한다.

예를 들어, 주가가 많이 내려서 "아. 이 정도 수준이라면 투자해야지."하다가 "혹시 바닥 밑에 지하실이?" 하거나 "악재가 더 나올 것 같은데 손절을 해야지." 하다가 "혹시 여기가 바닥?"인가 의심한다. 상태가 이 정도면 이 사람은 투자를 한다는 것이 거의 불가능하다. 그러나 투자자들 중에는 의외로 이런 성향을 지닌 사람이 많이 있다.

사례를 들어 보자.

유부단 씨는 2만 원 대에 산 대박테크 주식을 10만 원이 되도록 보유하고 있었다. 자고 일어나면 주가가 오르는 대박테크 주식이어서 흥분된 마음으로 지켜보았는데 정신을 차려 보니 이미 10만 원을 돌파한 것이었다. 주위의 직장 동료들도 유 씨의 투자 성공에 시샘하여 각자의 새로운 투자 계획을 세우느라 바쁜 상황이 되었고, 그야말로 활황장의 중심에 유부단 씨는 서 있었다.

그러나 막상 유 씨는 요즘 밤잠을 설치고 있다. 왜냐하면 이 대박테크를 도대체 언제 팔아야 되느냐 하는 것이 고민이었는데 문제는 누구한테 물어봐도 "답이 안 나온다."라는 것이었다. 사실 유부단 씨는 지금까지의 투자에선 대성공을 했기 때문에 지금 팔아도 4,000만 원의 원금이 2억대가 되어서 지방에 사는 입장에서 작은 아파트도 살 수 있었다. 그런 사실은 결혼 10년째 전세로 살고 있던 유 씨에게는 믿기 힘든 꿈과 같은 현실이었다. 그런데 지금이라도 고점이라는 신호가 있으면 팔고 싶은데 도대체 이 주식은 조정도 없이 올랐고 지금도 매수세를 감당하기 어려운지 전혀 미동 없이 매일매일 오르고 있었다.

어느 날 아침 유 씨는 "오늘 팔자." 했다가 "그러다가 더 오르면? 100만 원이라는 얘기까지 나오고 있는데…… 나중에 삼수갑산을 가더라도 끝까지 따라가 볼까?"하면서 어지러운 머리를 행복하게 쥐어짜고 있었다.

결국에는 유부단 씨는 그 대박테크 주식을 팔지 못했다. 그 주식은 48만 원 대의 최고점을 찍고 장기 하락해서 지금은 3~4만 원에 거래가 되고 있다. 본전보다는 올랐지만 그동안의 세월과 지나온 시세의 미련과 후회 때문에 유 씨는 앞으로도 팔지 못할 것 같다.

사실 투자의 정답이란 게 있을 수 없다. 하지만 투자도 결국은 돈을 쓰기 위해서 하는 것이고, 그러기 위해서 투자는 거둘 때도 있어야 한다. 그때가 언제 일까. 그것은 자신만의 원칙을 미리 정해 놓고 움직이는 것이다. 주가가 밸류에이션(역대 PER, PBR, EV/EBITDA등)으로 보아 어느 정도가 될 때, 혹은 고점을 찍고 10퍼센트 정도 고점에서 하락했을 때, 또는 어떤 장외호재 내지는 악재 등의 이벤트적인 사건이 나올 때 등등의 나만의 원칙, 나만의 시나리오가 필요한 것이다. 왜냐하면 아무도 시세의 정확한 고점을 애기해 주지 않기 때문이다. 그리고 '여기가 사상 최고의 고점이니 팔아라'라고 정확히 아는 사람도 그걸 애기해 줄 사람도 없다는 것이다. 주식의 시세가 오르면 이상하게도 평범한 개인투자자는 물론이고 투자의 전문가라고 하는 기관투자가나 외국인 투자가, 개인 전문 투자자 모두 함께 주식을 사기 때문이다.

위의 유 씨 같은 투자자들의 위험은 투자 결정의 우유부단함에서 그치지 않는다. 투자 시장이 활황을 지속하여 모든 투자자들이 열광하는 초강세장이 왔다고 하자. 예를 들어 1999년과 2000년의 IT붐이나

2006년과 2000년대 중반의 이머징마켓 투자 붐이 왔다면 그때 이 후회 기피증의 투자자들도 의외로 매매에 적극적으로 가담하게 된다. 그 이유는 모든 이들이 다 투자하기 때문에 만약 잘못되더라도 나 혼자 후회하지는 않을 것 같기 때문이다. 후회 기피증 환자로서는 이 군중심리가 비교적 매우 안심되는 부분이다. 하지만 많은 사람이 간 길로 편안하게 같이 가는 투자방식으로 투자에 성공하기는 쉽지 않다는 게 문제이다. 결국 후회 기피 편견^{regret aversion bias}의 투자자들은 군중심리에 의해 희생될 가능성이 많은 것이다.

후회 기피증 환자는 대부분 약간의 의존적인 심리가 있다. 자기 과신의 정반대로 무엇을 해도 자신이 없게 된다. 자기 과신보다는 결과가 나쁘지는 않을 수 있지만, 투자는 하나의 사업이라는 점에서 투자를 할 때 '내가 판단하고 내가 책임진다'는 생각을 갖는 것이 좋은 방법이다. 책임지는 투자를 하려면 본인 스스로 이것을 다 이해해야 되고, 더 긴 관점에서 투자를 보게 되고, 주위에서 누가 어떤 상품을 추천해도 스스로 파악, 이해하고 그것을 검증해 보기 전까지는 투자하지 않게 된다. 그 말을 한 사람은 떠나가지만 내가 한 투자는 나에게 남게 되기 때문이다.

후회 기피증을 없애기 위해 어떤 투자자들은 부동산이든 주식이든 투자 시점에서 얼마까지 오르면 팔겠다고 미리 정하는 것도 방법이다. 그러나 막상 가격이 목표한 곳까지 왔는데 좀처럼 행동에 못 옮기는 경우가 있으니 마음을 단단히 먹어야 한다. 이는 시세가 계속 오를 것 같기 때문인데 더 크게 벌 기회를 놓쳐 나중에 후회할까 봐 아무것도 못하는 것이다. 이런 투자자는 가격이 하락을 시작하면 더 못 파는 상황이 된다. 다시 말해 후회할까봐 올라도 못 팔고 내려도 못 파는 상황이 된다. 그러면서 스스로를 위로하기를 "투자는 장기로 해야지."하면서 결국은 자신을 본의 아닌 장기 투자자로 바꾸어 나간다.

만약 자신이 후회를 하지 않으려는 생각때문에 투자결정을 내리기 힘든 타입이라 생각되면 될수록 주가의 목표나 매도의 시기를 미리 마음속으로 정하고 투자하는 방식이 필요하다. 나중에 '팔고 나서 주가가 더 오르면 어떡하지?' 같은 생각에 대비하는 것이 투자의 세계에서 성공할 수 있는 좋은 전략이다.

처분효과 :
매입가격은 잊어버려라

아내가 10년 된 차가 너무 낡아서 바꿔 달라고 한다. 자동차 대리점에서 본 약 2,800만원짜리 차를 보고 와서 살까 말까 고민 중인데 돈을 마련할 수 있는 방법은 현재의 투자를 회수하는 것이다. 당신은 현재 두 곳에 투자를 하고 있다.

1) 2,000만 원을 들여서 산 초소형 상가 : 시세가 50% 올라 지금 3,000만 원에 거래가 된다. 매월 월세도 20만 원씩 잘 나오고 있다.

2) 코스닥 ETF : 4,000만 원 투자해서 25% 손해가 나서 지금 평가금액은 3,000만 원이다.

자, 여러분이라면 어떤 투자를 회수해서 아내의 차를 사주면 좋을까?

① 이익 난 투자인 상가를 판다.

② 손해난 투자인 코스닥 ETF를 판다.

③ 월부로 사서 나중에 갚으라고 한다.

여기에서 ③을 선택하면 생색이 안 나기 때문에 선택지에서 제외한다. 그럼 ①, ②번으로 선택은 압축된다. 이때 대부분 투자자들은 ① 이익이 난 투자인 초소형상가를 팔아 현금을 만들고 싶어 한다. 그것을 처분하면 이익이 나서 파는 것이니 투자의 성과이므로 개인적으로 기분이 좋은 데 반해, 코스닥 ETF는 손해를 보고 파는 것이라 자신에게는 기분이 좋지 않은 성과이다. 그렇게까지 하면서 고급 승용차를 사고 싶지는 않기 때문이다. 이익이 난 것을 팔고 싶어 하는 심리를 기분효과disposition effect라고 하는데 쉽게 생각하면 '기분 좋게 판한다'라는 뜻으로 보면 된다.

그러면 손해가 난 투자는 어떻게 될까? 이 효과에 지배되는 투자자는 그것이 손해가 난 상태라면 자연히 장기적으로 보유하게 된다. (앞의 심리회계에서 손해 본 투자를 정리 못하는 심리는 심리회계와 처분효과의 합병증이라고 볼 수 있다.) 손해 본 것을 팔면 손해를 확정했다는 생각에 기분이 좋지 않을 것이고 자신의 잘못된 판단도 인정하고 싶지 않은 심리가 작용한다.

이런 심리에서 벗어나 제대로 투자 결정을 내리자면 어떻게 해야 할까? 그 방법은 현재의 가격만으로 다시 투자 판단을 해보는 것이다. 주변의 전문가에게 물어봐도 좋다. 지금 시점에 3,000만 원에 현재의 초소형상가에 투자하겠는가? 아니면 코스닥 ETF를 매수하겠는가? 이 결정이 어느 자산을 팔 지의 기준이 된다.

손실 혐오 편견 :
다시는 주식 안 해

이렇게 투자자들은 본전에 고정된 사고를 함으로써 투자의 완벽을 기하려고 한다. 이것을 본전회복병^{get-evenitis}이라고 한다. 이 증상은 투자하고 있는 주식이나 펀드가 손해날 경우 더 이상의 투자 활동을 하지 않고 보유하며 무작정 기다리게 된다. 자신이 투자한 주식의 시세가 본전으로 돌아올 때까지 어떻게 할 것이 없다고 느끼면 투자에 대해 어떻게 할 것이 없는 상황이 되고, 따라서 정보를 구하거나 연구를 하는 활동을 할 필요도 없게 된다. 당연히 투자에 대한 시각도 좁아지게 되고, 그리하여 상황이 어떻게 할 수 없을 정도로 악화되기도 한다. 또, 계속 팔지 않음으로써 불균형한 포트폴리오를 가지고 가는 상황이 되기도 한다. 또한 손해를 봤을 때 팔지만 않으면 언젠가는 복구가 될 것이라고 믿는 것은 내 생각에만 집착하는 결과이다. 이 본전회복병에서 벗어나는 법은 쉽지 않지만 방법을 보자면 매수가에 구애받지 않고 현재가 기준으로 자산을 수시로 다시 평가해 보는 것이다. 그래서 늘릴 것은 늘리고 줄일 것은 줄여 나가는 것이 대안이다.

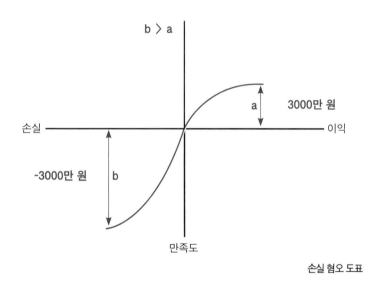

손실 혐오 도표

위의 그래프를 보자. 이 그래프는 1억 원 투자시의 이익과 손해 구간에서 투자자의 만족도를 계량화한 그래프이다.

이 그래프에서 보듯 3,000만 원의 손실을 냈을 때의 불만도가 3,000만 원의 이익을 봤을 때의 만족도보다 훨씬 크다. 누군들 원금을 손해 보는 것을 좋아하겠는가? 이것은 손실 혐오 편견$^{loss\ aversion\ bias}$이라고 한다. 이 편견은 위의 기분효과 때문에 대부분의 투자자들은 손해 난 투자를 정리하지 않고 본전이 될 때까지 계속 보유하며 주식투자에 대한 불쾌한 기억을 만들고 간직하게 된다. 그래서 "주식이라면 다시 안 해."라는 말이 나오게 된다.

또 주가가 박스권에서 등락을 했다고 하자. 위의 표에 의하면 같은 범위의 손실과 이익을 장기적으로 번갈아 보고 현재 본전에 와 있다고 할 때에도 투자자에게는 누적된 불만으로 남게 된다. 이처럼 투자를 할 때 성과보다 더 많은 만족을 목표로 하는 것은 쉽지 않다. 그래서 사람들은 불만을 만족시킬 더 많은 욕구가 생기는 것일 까. 본전에서도 불만은 쌓이기 마련이라고 생각해야 한다.

고정 편견 :
미련 때문에

　주식투자의 초보 왕 씨는 주당 10,300원에 징글전자 주식 1,000주를 매입했다. 메신저로 정보를 주는 친구의 조언으로 투자를 했는데 금방 오른다던 그 주가는 실망스럽게도 계속 9,000원 대 중반에서 헤매고 있었다. 나올 거라던 회사의 좋은 소식도 나오지 않고 친구로부터는 계속 기다려 보라는 말 밖에 들을 수 없었다. 그래서 기다리다 못해 얼마 전에 징글전자 주식회사의 IR 담당자에게 전화를 해서 회사에 대해 물어보니 회사의 영업이나 경영 상태는 좋다는 다소 두루뭉술한 얘기만 들을 수 있었다.

　그렇게 기다리기를 어언 5개월, 왕 씨는 이제 주가가 안 움직이는 것에 답답해진 나머지 자신이 매입한 주가 10,300원만 되면 징글전자를 팔고 다른 주식으로 갈아타리라 속으로 몇 번이고 되뇌며 살고 있었다. 그런데 주가 10,300원은 아무에게도 큰 의미는 없었지만 왕 씨에게는 큰 의미가 있었다. 왜냐하면 그게 본전이기 때문이다. 이런 심리 현상을 고정 편견^{anchoring bias}(우리말로 굳이 번역하자면 '닻 내림'인데, 이 뜻은 배가 바다에서 닻을 내려 고정한다는 뜻으로 투자에서는 투자자가 어떤 가격, 예를 들어 매입가라든가 고점 가격에 집착하는 현상을 말한다.)이라고 한다. 물론 본전이라는 것이 투자자에게는 큰 의미가 있다. 본전을 넘는 투자와 본전이 안 되는 투자는 결과적으로 느낌상 엄청나게 큰 차이가 있기 때문이다. 여기까지는 앞에서 예를 든 본전회복병과 증상이 같다.

그 후에도 주식초보 왕 씨는 계속해서 징글전자 주가를 조회해 볼 때마다 자신의 매입가 즉, 본전가를 대비해서 현재의 시세를 보는 것이 습관이 되어 버렸다.

주식의 가격은 누가 그 가격의 움직임에 관심을 갖던 말던 상관없이 오르고 내리는 객관적인 것이다. 하지만 여기에 투자하는 사람들은 자신의 투자 가격을 중심으로 이 주가를 주관적으로 바라보는 오류를 저지르게 된다. 10,300원이 되면 그 주식은 본격적으로 오를 가능성도 있지만 기다려 온 왕 씨에게는 징글전자는 그저 말 그대로 징그러운 주식이 되어 버린다. 본전만 되면 떨어내고 싶은 감정적인 상태가 투자에는 부정적인 요인이 된다. 위의 본전회복병처럼 "투자를 하면 매입가는 잊어버려라!"라는 현실적으론 다소 설득력이 떨어지는 투자 격언이 이 고정 편견을 이길 수 있는 유일한 방법이 되기는 하다. 주식초보 왕 씨의 투자 무용담을 계속 들어 보자.

그 후 1년, 친구가 얘기한 호재는 나오지 않았지만 엉뚱하게도 그 사이 시장에 출시한 신제품이 히트를 치며 징글전자의 이익은 대폭 증가하였다. 이에 회사의 주가는 20,000원까지 짧은 기간에 급등하게 되었다. 다행히 왕 씨는 그동안 투자의 내공을 길러 고정 편견에서는 벗어나게 되어 여전히 주식을 보유하고 있었다.

사실 왕 씨는 한 달간 해외 장기 출장을 다녀왔다. 갔다 오니 그 사이 주가는 이미 13,000원을 넘기고 있었다. 징글전자는 왕 씨에게 더 이상 징그러운 주식이 아니었고 너무 예쁜 보석과 같은 주식이 되고 있었다. "그래, 장기투자를 해야 된다는 말 틀리지 않았지. 이 참에 회사 명도 좀 바꿔 보라고 담당자에게 얘기해야겠어." 왕 씨는 이제 모든 것이 다 좋아 보이는 상태가 되어 버렸다.

마침내 주식초보 왕 씨는 "그럼 그렇지. 내가 주식은 잘 골라. 아마 올해 실적이 발표되는 시점에는 한참 더 올라 있을 걸."라며 생각하게 되었다.

꿈과 같은 세월을 보내던 어느 날이었다. 징글전자의 어린이용 신제품에 환경 기준치를 대폭 상회하는 부품을 사용하고 있다는 사실이 시장에 알려졌다. 문제는 그 사실을 회사가 바로 소비자들에게 알리지 않고 묵묵부답으로 대처한 것이다. 솔직하지 못한 회사의 대응으로 시장에서는 소비자들의 징글전자 제품의 불매운동이 일어나 졸지에 회사의 매출은 급감하기 시작했다. 그리고 그 뉴스의 윤곽이 드러나기도 전에 주식의 가격에는 그 사실이 반영되고 있었다. 결국 보름 사이에 주가는 12,000원 대까지 폭락하고 말았다.

심하게 고민하는 왕 씨에게 증권사 담당직원이 제안했다. "사장님이 그렇게 걱정되시면 아직도 주당 2,000원 가까이 이익이 나 있는 상태이니까요. 그냥 정리하시지요. 제가 사장님을 위해 투자할 만한 더 좋은 주식을 찾을 것 같거든요."

그러자 왕 씨는 직원에게,

"아니, 내가 20,000원 이상 간 것을 보고도 안 팔았었는데 지금 12,000원대에서 주당 8,000원이나 손해를 보고 팔란 말이예요? 증권사 직원이 고객에게? 내가 9,000원 대에서도 1년을 기다린 사람이란 것 알잖아요."라고 고함지르듯 말했다.

왕 씨는 이미 자신의 본전을 고점인 20,000원으로 수정해 버린 것이다. 그리고 그 가격을 기준으로 손해를 보고는 팔지 않겠다는 일반 투자자의 생각을 그대로 한 것 같다. 그리고 9,000원 대에서 기다린 1년이라는 매몰비용 효과까지 해서 복합적으로 주식초보 왕 씨의 복잡한 머리를 더욱 언짢게 하고 있었다.

이 상황에서 우리는,

① "그래, 난 그래도 아직 이득을 본 상태니까 팔겠어."

② "불량부품 문제도 곧 해결될 테니 20,000원이 다시 갈 때 매도를 할 거야."

③ "불량문제와 관련 없이 20,000원 이하에서는 안 팔 테야."

중의 하나의 결정이 가능하다. 여러분이라면 어떤 결론을 내리겠는가?

여러분들은 이 상황이 남의 일이기 때문에 그 입장이 절실하게 와닿지는 않을 것이다. 그래서 거의 ①를 택할 수 있지만, 그 입장이 되어 보면 누구나 왕 씨처럼 ②나 ③을 선택할 가능성이 높다. 최종적으로 '불량문제가 곧 해결될 테니'도 아닌 불량문제와 관련 없이 20,000원 이하에서는 안 팔 테야의 세 번째 입장을 갖는다.

미래의 주가를 아무도 알 수는 없겠지만 이 상황에서 생각의 방법을 잘 찾는 것이 매우 중요하다. 이 회사는 주가가 한때 20,000원 하던 때도 있었지만 어쨌든 그것은 지나간 과거가 되었다. 미래의 주가는 그 회사가 지금부터 또 새로운 역사를 어떻게 쓰느냐에 달려 있는 것이지 20,000원까지 갔었다는 사실은 전혀 감안할 필요가 없는 요소가 된다. 이렇게 고점 가격에 대한 미련으로 인한 심리현상을 고정과 수정의 편견anchoring and adjustment bias라고 한다. 이 투자 심리의 요지는 투자자들이 이미 지나간 일에 연연해하면서 당장의 객관적인 판단을 못하게 되는 것이다. 결론적으로 욕심과 미련 때문에 판단을 그르쳐서는 안 된다.

통제 착각 편견 :
내가 하면 다르다

배태랑 씨는 주식투자 3년 경력의 자칭 베테랑이다. 그가 전에 한 얘기가 있다.

"주식투자하면서 큰 손해를 보는 사람들, 난 이해가 안 돼. 아니, 시세가 계속 내려가는 동안 보고만 있었단 말이야? 안 되는 것 같으면 빨리 손절매를 하고 올라가는 쪽으로 바꿔 타야지. 미련스럽게 그걸 그렇게 손해를 볼 때까지 가지고 있었어?"

"아니, 어떻게 일이 이 지경이 되도록 보고만 있었지?"

나는 잘해 왔고 그리고 앞으로도 잘할 거라는 믿음, 이것은 자신 감인데 어떤 일에든지 자신감을 갖는 것은 좋은 일이다. 그것은 일을 하는 원동력도 되고 종종 실력 이상의 성과도 내게 한다. 하지만 앞으로 일어날 모든 상황을 자신이 통제할 수 있다고 생각을 하면 그것은 자신감이 도를 넘어 자기 능력을 과신하는 단계이며 그 결과는 매우 다르게 나타날 수 있다. 그것이 통제 착각 편견illusion of control bias이다. 특히, 투자를 할 때 자기 자신의 능력에 대한 착각은 매우 위험하다.

"아니, 손해를 눈 뜨고는 못 본다더니 어떻게 그렇게 당하셨어요?"

"그랬지. 팔고 싶을 때가 한두 번이 아니었는데……"

"그런데요?"

"자꾸 바닥이다 싶으니까 팔 수가 없더라고. 정신을 차려 보니 이미 원금의 55퍼센트가 날아간 거야."

정신을 차리고 과신을 하지 않으면 이렇게 손해를 보지 않는다는 뜻은 아니다. 다만, 자신이 이 모든 상황을 통제할 수 있다는 믿음 즉, 과신으로 앞으로의 상황을 잘못 판단해선 안 된다는 것이다.

인지 부조화 :
나 편한 세상

    B는 최근에 전기차 배터리 관련주식에 자신의 투자금 중 상당 부분을 넣었다. B는 얼마 전 모 은행이 주최한 투자 세미나에서 유명 투자 전문가의 얘기를 듣고 그의 논리에 완전히 빠져 들었던 것이다. 그의 설명은 결국 시장이 성장할 업종은 전기차밖에 없다는 것과 시장의 조정이 지나면 결국 전기차관련주식들이 다시 오를 수밖에 없다는 요지의 설명이었다. 그 얘기를 듣고 B는 그 전문가의 얘기가 평소에 자신이 경제 신문에서 읽고 생각해 오던 것과 너무나도 똑같은 논리라고 여겼다. 그러면서 스스로를 자랑스럽게 생각하고 있던 터였다.

    "내가 생각하던 것과 똑같이 얘기하더군."

    이 멘트는 앞에 나온 사후 예측 편견에서 나온 것인데, 이렇게 생각이 흘러가면 자신의 능력 과신을 강화하는 과정이 되기 쉬우니 주의해야 한다. B의 스토리를 더 들어 보자.

투자한 지 얼마 후, 경제 신문 국제란의 기사를 보고 B는 긴장하고 있었다. "당분간 코로나19사태로 인해 전기차 수요는 차치하고 자동차 자체의 수요 자체도 늘기 어려울 것이다. 코로나19사태의 트라우마로 사람들은 사태이후에도 중장기적으로 이동이 줄 것으로 예상한다는 것이다. 따라서 신차의 수요가 좋을 수 없다는 것이다."라는 것이다. 현재 나온 뉴스나 상황으로 보면 누가 보더라도 납득할 수 있는 일이라고 생각할 내용이었다. 그런 추측에 기인해 사실을 더 알아볼 수 있으면 그러고 싶을 것이다.

그러나 B는 그런 기사를 접하고 "일고의 가치도 없는 얘기, 그렇게 무책임한 기사를 쓰다니…… 기자들이란, 쯧쯧. 바이러스는 곧 잡힐 것이고 전기차는 어쨌든 간에 자동차산업의 미래가 아닌가. 지금 상태가 좋은 산업이 어디 있나." 하며 아무런 액션을 취하지 않았다. 이때 B가 거래하는 증권사의 담당 PB로부터 오히려 조급한 듯 전화가 왔다.

"고객님, 저…… 그럴 개연성이 충분한데 만약에 사실이면 걷잡을 수 없이 주가가 떨어져 손해가 날 텐데요. 이미 평가금액이 급격히 떨어지고 있고요. 좀 걱정스럽네요."

"아. 김PB, 절대 걱정하지 마세요. 글로벌 자동차기업들이 다 대대적으로 투자했는데 위험관리 같은 거 다하고 있을 거고 또 투자하면

다 이익 보나요? 조금씩은 투자가 잘못되는 수도 있다니까? 난 걱정 안 되는데. 주식투자를 하다 보면 이런 일 저런 일 일어나는데 그럴 때마다 흔들리면 안 된다구요."

결정적으로 회사의 가치에 영향을 줄 수 있는 재료와 별로 영향을 주지 않을 재료는 본능적으로 구분을 해야 한다. 또 자신의 생각에 반하는 내용이 나오면 무조건 외면하는 것은 투자 실패를 심화시킬 수 있는 중대한 실책이 된다. 그럼에도 절대로 그럴 일은 없다고 우기는 사람들을 우리는 주위에서 가끔 본다. 자신의 생각에 갇혀 있는 것이다. 말도 안 되는 논리를 그대로 믿고 다른 논리 정연한 얘기도 무조건 듣지 않는 태도의 사람들이 간혹 있는 것 같다. 여러분도 그런 면이 있는지 스스로 생각해 보자.

착시효과
시선을 이동시키면 원이 움직인다. 다시 시선을 고정시키면 움직이던 원이 정지한다.
이처럼 사람의 시선이나 생각 또한 착각을 느낄 때가 있다.

이것을 인지 부조화cognitive dissonance라고 한다. 이 인지 부조화는 실제로 일어난 사실과 자신이 느끼는 사실을 다르게 혹은 자신에게 유리하게 생각하는 오류이다. 이것은 자신의 기분을 좋게 하는 효과가 있기 때문에 너무 과장만 되지 않는다면, 말하는 자신을 비롯해 주위 사람들에게 해를 주지는 않는다. 그래서 16퍼센트의 수익이 나고도 25퍼센트의 수익을 냈다고 과장하기도 하는 등, 모든 사소한 것을 조금씩 과장해서 얘기하게 되는 것은 이 현상의 일종이다. 어느 중국 무술의 고수가 공중 부양을 했다는 황당무계한 얘기들은 모두 그런 현상이다. 이런 것들은 오히려 듣는 사람들을 즐겁게 하기도 한다.

그런데 투자의 결과가 안 좋은 쪽으로 가게 되면 이야기는 달라진다. 자신이 판단한 투자 결정이 손해를 보는 상황에서는 그 결과를 인정하기 싫어하는 심리가 있다. 이때에는 팔지만 않으면 아직 결론이 난 것은 아니라고 생각할 수도 있는데, 이런 생각이 이 사람들에게는 너무 고마운 은신처이다.

"아직 팔지 않았으니 어떻게 될지는 아무도 모르지. 결국 이익을 보고 나오면 되는 것 아닌가? 걱정할 필요 없어. 기다려 보자구."

그리하여 이런 투자자들은 더 커지는 손해를 그대로 방치하기도 하고, 나중에 주가가 다시 올라 후회를 하게 될까 봐 장기투자를 하기도 한다. 처음부터 장기투자를 하려는 생각이 아니었지만 말이다. 필시 투자자들은 모두 어떤 펀드가 미래에 수익을 낼 것이라고 생각하고 투자를 했을 것이다. 그런 중간에 펀드의 미래 수익에 영향을 줄 만한 사건이 발생한 것이다. 그렇지만 자신은 그 사실을 믿을 수가 없다. 왜냐하면 처음 투자 때의 생각을 굳게 믿고 있기 때문이다. 다만 혼란스럽게 그것에 대한 생각을 자꾸 하게 되니 그저 괴로울 따름이다. 그래서 이런 얘기를 그대로 반발하고 밀어내 버리는 것이 낫겠다고 생각한다. 이 투자자는 자신의 판단이 옳다는 결론이 나올 때까지 즉, 손해가 복구될 때까지 무작정 투자를 가져간다는 것이 이 인지 부조화의 요지이다.

이것은 사고의 유연성이 모자란 투자자들이 흔히 하게 되는 잘못된 생각이고 이로 인해 나중에 빠져나올 수 없을 만큼 손실이 커진 경우가 왕왕 있다. 사실 자신이 굳게 믿던 것에 대해 입장을 바꿀 때의 내부 저항감은 대단하다. 하지만 자신이 생각하는 사실과 달라서 인정하기 싫은 얘기를 무조건 배척하는 것은 나중에 더 큰 손실을 가져올 수 있다. 시장에서 한쪽의 정보를 완전히 차단하고 있는 것은 한쪽 눈을 감고 운전하는 것만큼 답답하고 위험한 일이다.

이런 생각의 잘못을 없애기 위해서 어떤 투자 절차가 좋을까?

우선 내가 이 투자를 하지 않아야 될 이유를 찾는 데서부터 투자를 시작하는 것이다. 그러면 먼저 시장에 나온 이 펀드에 대해 부정적인 사실만을 분석하고 대조하게 되면 일단 이런 일이 익숙해질 수 있다. 그리고 나서도 투자를 해야 한다고 결정하면 나중에라도 얼마든지 투자에 반하는 논리의 도전을 못 받아드릴 이유가 없다. 이를 무조건 외면하지 않게 되는 것이다.

참고로, 주위 사람들로부터 자신이 고집이 세다는 얘기를 들어 본 적이 있다면 그 사람은 인지 부조화의 투자자가 될 가능성이 높다. 합리적인 얘기도 어떤 때는 전혀 통하지 않기 때문이다. 그러나 결국 그것은 나만 손해라는 것, 그리고 나에게 올 기회를 다른 사람에게 넘겨 주게 된다는 것을 기억해야 한다.

보수성 편견 :
투자는 절대적 유연성이 필요하다

"자네, 저번에 그 조선회사 주식 아직도 가지고 있나?"

"그럼, 가지고 있다마다. 잠시 조정을 보이고 있지만 곧 또 오를 걸세. 요즘이야말로 그 주식을 살 수 있는 유일한 기회일지도 모르니 잘 봐서 사 두게나."

"조정치고는 좀 심하던데 회사는 괜찮다던가?"

"회사의 수익은 사상최대이고 더할 나위 없이 좋지. 주식시장하고 개별 회사의 실적하고는 확실히 단기적으로는 따로 가기도 하나 보네. 어쩌겠나? 기다려 봐야지."

"그게 아니고. 요즘 조선회사의 선박 수주량이 대량으로 취소되는 수도 있다던데…… 혹시 그런 상황인지 알아보는 게 좋을 걸세."

"그건 말도 안 되는 얘기지. 계약을 하고 파기를 하면 당연히 위약금이 상당할 텐데. 발생해도 회사로서는 여전히 이득이지. 그건 어디서 잘못 들은 얘기일 걸세. 암, 말도 안 되는 얘기지."

이쯤 되면 더 얘기하기 멋쩍어 진다. 안 좋을 가능성의 얘기를 해주고 싶어도 듣고 싶지 않다면 더할 필요도 없게 된다. 이제 이 투자자는 귀를 닫은 것이다. 물론 집에 가서 몰래 혼자 알아볼지도 모르지만 말이다.

이것은 인지 부조화와 비슷한 보수성 편견conservatism bias이란 것이다. 인지 부조화는 내 행동에 불리하게 영향을 주는 것을 무조건 배척하는 것이라면 보수성 편견은 모든 새로운 것을 잘 받아들이지 않는 경향이다. DKW증권의 유명 애널리스트인 제임스 몬티어는 "사람들은 어떤 견해나 예측에 지나치게 매달리는 경향이 있다. 일단 자신이 처한 위치가 정해지고 나면 대부분의 사람들은 그 입장에서 벗어나기가 무척 어렵다는 것을 알게 된다. 견해를 바꿀 경우라도 매우 천천히 바꾸게 된다. 결국 사람들은 자신의 견해에 지나치게 몰입되어 예측의 오류가 명백할 때에만 견해를 바꾸는 경향이 있다."라고 얘기했다. 그러니 그 견해를 바꿀 때는 이미 너무 늦게 된다.

사람들이 보수적인 성향을 고집하는 이유는 새로운 정보나 시각을 받아들이게 되면 복잡한 데이터를 새로 가공해야 되고 이는 스트레스로 작용하게 되기 때문이다. 그러므로 사람들은 기존의 생각에 의존하며 되도록 편안하게 있으려고 하는 것이다.

예전에 우리 주식시장에서는 기업의 자산가치가 높은 주식(저 PBR주식)이 무조건적으로 오르던 시기가 있었다. 그 랠리는 단기에 그치고 말았지만 그로 인해 돈을 많이 번 투자자도 있었고 구경만 한 투자자도 있었다. 기업을 자산가치 특히, 회계장부에 있는 자산가치만으로 평가를 해서 저평가되고 아니고를 따지면 투자라는 것은 참 쉬운 일일 것이다. 하지만 세상이 그렇게 녹록치는 않은 것 같다. 이 랠리도 결국 (장부상의) 자산가치 저평가 주식의 대폭락으로 이어졌고, 투자자들은 다시 돈을 벌기 위해서는 새로운 투자 패러다임을 찾아야 했다.

"이제부터는 무슨 잣대로 투자를 해야 하나? 그래도 저 PBR 주식만한 저평가 가치주는 없는데……. IT 같은 성장주에 투자하라고? 그런 기술주를 개인 투자자가 어떻게 속속들이 알 수 있나?"

비단 투자에서뿐 아니다. 회사의 업무나 모든 일에서도 먼저 가지고 있는 견해를 우리는 고수하는 경향이 있다. 재미있는 것은 보수적인 사람이 보수성 편견을 갖는 것은 당연한데, 진보적인 사람도 보수성 편견을 갖는다는 것이다. 변화를 추구하고 혁신을 얘기하는 경영자도 사실은 모두 이 보수성 편견에서 벗어나지 않는다. 변화만이 살길이라고 울타리를 치고 울타리 안과 밖의 사람을 구별한다면 이미 그 경영자도 편견덩어리가 되어 버린다.

사람들 중에 보수성 편견을 전혀 안 가진 사람은 없는 듯하다. 하지만 제한적인 생각의 덫에 갇히지 않으려면 항상 마음을 열고 사고가 자유로워야 한다.

"그런 얘기를 자꾸 들으면 마음이 흔들려서 듣고 싶지 않아요."

"사업이라면 밀어붙이는 드라이브가 필요하죠. 반대의견 다 듣고 어떻게 실행합니까?"

그러나 어차피 투자 활동이나 기업 경영이 신념만으로 되지는 않는다. 이런 보수성 편견을 가진 사람들이 그렇게 생각하는 것은 그것이 편해서일 것이다. 듣고 싶은 얘기만 듣고 살아도 짧은 인생이라서 그럴까?

친근성 편견 :
주식과 결혼하지 마라

"수익을 많이 내셨네요. 또 앞으로 시장도 불투명한데 이제 조금씩 줄여 나가시면 어때요?"

"아, 그거요. 팔아야겠죠? 저도 그렇게 생각했어요. 근데 조금만 더 오르면 팝시다."

"그러다가 시세가 더 내려가면 더 못 파실 텐데요."

"이 시세보다 조금만 더 오르면 정리하지요. 어차피 팔 거예요."

투자자는 매도가격이 왔음에도 보유하고 있는 주식을 놓기가 쉽지 않다. 이미 친근하게 느껴져서일까?

주식뿐만 아니라 부동산에서도 이런 일은 일어난다. 그러면 자신이 사는 아파트나 그 동네가 살기 좋다고 생각하는 사람들은 전체의 몇 퍼센트나 될까?

내가 사는 아파트나 동네가 살기 좋다고 느끼는 사람들은 주위에 의외로 많다. 이 아파트가 최고의 아파트는 아니라 하더라도 '이 정도 면 살기 참 좋다'내지는 '이만한 곳은 없다'라고 생각하는 것이다. 다만 단지 내에서 조금 넓은 평수로 이사를 하고 싶어는 한다.

그러면 다들 그렇게 좋은 곳에 살고 있을까? 객관적인 기준이 없으니 맞다 그르다 얘기할 수는 없지만 대부분의 사람들은 사는 곳뿐 아 니고 자신이 다닌 학교, 자신의 고향, 지금 타는 차 그리고 자신이 가진 다른 것들, 내가 정을 붙이고 사는 것들을 소중하게 여기는 경향이 있 다고 한다. 우리 가족의 가풍도 남들보다 좋다고 생각하고, 심지어 감 기 걸렸을 때 가는 병원조차도 다른 병원보다 낫다고 생각한다. 물론 자신이 최고의 학교를 나오지도 않았고 자신의 아파트보다 엄청 비싼 것도 많다는 것을 알긴 알아도 그건 별개로 생각하는 것이다.

사람들은 왜 자신이 가진 것이나 자신이 하는 일이 막연하게 좋고 잘될 것으로 믿을까?

이는 자신이 소유한 것에 대해 남이 가진 것보다 더 애착을 갖는 친근성 편견familiarity bias이 있기 때문이다. 이는 남의 사과가 더 커 보이는 것과 정확히 반대되는 심리인데 그 점에서 재미가 있다. 이처럼 사람 들은 자신이 지금 투자한 주식에 대해 좋게 생각하는 경향이 있고, 소 유하는 부동산이 너무 싸게 시세가 형성되어 있다고 불만을 갖기도 한다. 왜 이런 경향을 갖는 것일까? 글쎄, 오래 소유하면서 정이 들었다고 나 할까?

때문에 주식이나 아파트를 나중에 팔아야 되는 상황에서도 무의식 중에 더 높은 가격에 팔고 싶은 미련이 시세에 반영된다. 그래서 항상 시세보다 조금이라도 더 높은 가격에 내놓고 팔려고 하니 거래가 되지 않게 되고, 번번이 매도 시점을 놓치기도 한다. 어떤 때는 현재가보다 약간 더 높은 가격에 팔려고 내놓았다가 시세가 올라가서 거래가 되려고 하면 팔자주문을 취소하기도 하니, 이런 현상은 투자자들로 하여금 본의 아니게 장기 투자하게 한다. 한마디로 그동안 정이 들어서 미련 때문에 매도주문을 내지 못하고 자꾸 미루기만 하는 것이다. '주식과 결혼하지 마라'는 격언을 되새겨 봐야 하는 대목이다.

머피의 법칙 :
나만 미워해

"내가 투자를 하면 떨어지고 내가 팔고 나오면 올라요. 아주 미치겠어요."

이런 투자자들은 의외로 많다. 사실 이런 일은 투자뿐 아니라 인생의 전반에서 일어난다.

이것을 머피의 법칙murphy's law이라고 우리는 부른다. 내가 세차를 하는 날 오후에 비가 오고, 택시가 너무 안 잡혀서 길을 건너갔더니 원래 있던 쪽에서 빈 택시가 줄줄이 지나간다든가, 우산을 샀더니 비가 금방 그치고, 고장 난 전자제품도 서비스맨이 오면 정상으로 작동한다든가 하는 예는 무수히 많다. 하지만 이 법칙도 따지고 보면 사실 그대로가 아니고 우리가 느끼는 선에서 모든 것을 받아들이는 전형적인 예이다.

　이렇게 머피의 법칙은 운이 한 번 안 좋은 날은 계속 안 좋은 일이 생긴다고 느끼는 것인데, 문제는 한두 번의 안 좋은 우연 때문에 계속해서 부정적인 것만 보고 이 법칙에 끼워 맞추려는 데 있다. 이것도 일종의 듣고 싶은 것만 듣는 확증 편견이 될 수도 있다. 나에게 일어나는 부정적인 사건만을 모으는 것이다.

　"나는 안 돼."

　"내가 하면 꼭 이래."

　이런 식의 패배주의 내지는 짜증주의로 일관하면 세상에는 될 일도 안 될 것이다.

　'내가 상가 투자를 하면 그 상가 시세가 떨어지겠지? 아마 팔면 오를 거야.'를 속으로 생각하면서 부동산투자를 잘하기는 어렵다. 그렇게 매사에 부정적이어서야 될 일도 안 된다. 하지만 한두 개의 작은 불운은 일상사에서는 대부분 그것으로 끝나게 마련이다. 그것이 한 번 더 일어난다 해도 그것은 확률 내에서만 일어날 뿐이다. 따라서 이런 부정적인 생각을 가지고 어떤 일이든 한다면 피해의식을 갖게 되고 또 이런 감정적인 상태에서 모든 것을 결정하면 오히려 더 일을 그르치게 된다. 이런 날은 잠시 기분 전환 겸 주위를 환기하고 운이 없었던 기억들을 지우기 위해 지난 며칠을 돌아보며 작은 일이라도 좋았던 일들을 생각해내고 스스로 만들어낸 머피의 법칙에서 벗어나는 게 중요하다.

그러나 이런 일이 주식투자에서 진짜 지속적으로 일어난다고 느끼는 이유는 왜일까? 실제로 이 머피의 법칙은 주식투자에서 자주 일어난다. 그리고 모든 투자자들이 경험을 하는데, 자세히 들여다보면 그것은 내가 그렇게 느끼기만 하는 머피의 법칙이 아니고 실제로 그렇게 투자의 결정을 계속 잘못하고 있는 경우가 많다. 즉, 많은 투자자들이 사면 고점이고, 팔면 바닥이 되게 행동하기 때문이다. 그래서 그것은 머피의 법칙으로 설명이 되지 않고 나중에 설명할 군중심리에 의해 모두 다 몰릴 때 투자하고, 모두 다 공포에 떨 때 참지 못해 팔게 되는 공포심리로 설명될 수 있다. 따라서 엄밀히 말하면 그것은 머피의 법칙이 아니다.

나중에 경기 변동 부분에서 설명을 하겠지만 내가 사면 내리고 팔면 오르는 현상 때문에 발전한 것이 역발상 투자법이다. 그것은 추세의 전환 시기를 미리 예상해서 대부분의 투자자들과 다르게 투자 결정을 내리는 것인데, 그때 일어나는 현상을 관찰하며 대응하는 투자법이다. 이것은 대가들로부터 배울 수 있는 것으로 투자에서 가장 수준이 높은 기술이기도 하다.

머피의 법칙에 반대되는 개념으로 샐리의 법칙sally's law이라는 게 있다. 이것은 계속적으로 하는 일마다 운이 좋은 경우인데 시험공부를 전혀 안 하고 있다가 아침에 잠깐 보고 온 예상문제가 시험에 그대로 나오는 케이스가 그 전형이다.

"걱정하지 마. 내가 투자하면 올라."

몇 번의 성공이 있었으니까 이런 얘기를 하겠지만 시장이 한 번 대세 상승을 하면 웬만한 주식은 중장기적으로 다 오르게 되어 있다. 그런 의미에서 이 샐리의 법칙에 사로잡힌 투자자는 자신이 선택한 주식이 잘 오르는 것을 자신의 투자 실력이 좋기 때문인 줄 잘못 알고 자기 과신에 빠진다. 선무당이 사람 잡는 경우로 발전할 수도 있다.

매몰비용의 함정 :
들인 공이 아까워서

"내가 이만큼 기다렸는데 안 오르고 배겨?"

"여태껏 들인 공이 아까워서 못 팔지."

"지금까지 개발 계획을 기다렸는데 내년이라도 갑자기 나오면 어쩌지?"

"손해 난 게 얼만데, 좀 기다리면 오르겠지."

"수수료가 비싼 펀드에 투자했으니 결국에는 성과가 좋아지겠지."

이렇게 들인 공이 아까워 지금 당장의 판단을 보류한다면 그것은 매몰비용의 함정sunk cost trap에 걸려든 것이다.

뷔페식당에 돈을 내고 들어간 사람들과 공짜로 들어간 사람 중에 누가 더 많은 음식을 먹을까? 미국 심리학자 리처드 테일러의 실험 결과 두 그룹 간에는 먹은 음식량에 상당한 차이가 났다. 돈을 내고 들어간 그룹은 돈을 내고 들어간 만큼 본전을 뽑으려고 최대한 많은 접시를 비웠고, 공짜로 들어간 그룹은 별 부담 없이 편한 정도의 양만 먹었던 것이다. 이 매몰비용의 함정에 빠진 모습은 관람료가 비싼 공연장에서도 나타난다. 공연이 재미없고 지루하더라도 대부분의 사람들은 이미 낸 입장료가 아까워서라도 끝까지 참고 듣는 것이다. 이런 인내는 아무런 부가가치가 없다. 이것을 이용한 사례는 생활에서 볼 수 있다. 집에 있는 개가 강아지를 낳아서 분양할 때 그 강아지를 위해서는 되도록이면 돈을 많이 받고 분양을 시키는 게 더 좋다고 한다. 당연히 비싸게 팔고 싶어하는 거 아니냐거나 살아 있는 생명을 돈으로 거래하냐고 할지 모르지만, 비싸게 데려간 강아지가 확실히 그 집에서 더 좋은 대우와 사랑을 받는다고 한다.

매몰비용의 효과는 보상심리라는 심리 형태와 연관되어 또 다른 심리를 만든다.

여의도의 한 국수집은 점심시간만 되면 국수 한 그릇 먹기 위해 사람들이 20분 이상 줄을 서서 기다린다. 그 바로 옆의 같은 업종의 음식점이 파리를 날리는 것과 극적으로 대별된다. 그만큼 맛이 좋다는 뜻이리라. 그렇게 오래 기다리지만 자리에 앉아서 음식을 먹는 시간은 10분도 채 안 걸린다. 그래도 같이 간 직원들은 "여름이면 이 국수를 먹기 위해 이 정도 기다리는 것은 기꺼이 감수한다."라고 말한다.

만약 그 이상의 시간을 줄 서서 기다렸는데 국수 맛이 그저 그랬다면 사람들은 어떻게 반응할까?

"이제 저기 다시는 안 가."라고 할까? 언뜻 생각하기에 그럴 것 같지만 이상하게도 "맛은 여전히 좋네."라고 한다. 그것은 그동안의 기다린 시간에 대한 보상심리이다.

결국 이미 지나버린 기다린 시간은 어찌할 수 없으니 맛이 없다손 치더라도 씁쓸하게 결국 '맛'에 대한 생각을 바꾸게 된다. 이 집 음식은 맛이 워낙 있으니 많은 사람이 이렇게 기다리고 먹는데 나도 올 수밖에 없다고 여기는 것이다. 이런 생각을 기업 마케팅에도 적용해 볼 수 있다. 어쨌든 이는 사람들이 어떤 대상에 시간이나 돈을 투자하면 할수록 더 애착을 갖는다는 것이며, 자꾸 뭔가 특별한 게 있을 것 같다는 기대 착각에 빠지는 심리를 잘 보여준다.

인정하기 싫을지 몰라도 잘못된 과거에서 배우지 못한다면 앞으로 되풀이되는 매몰비용의 함정에서 벗어나기는 어려울 것이다. 지금 할 수 있는 것은 그동안 들인 비용을 '수업료'로 만드는 지혜를 발휘해야 한다. 그게 최선이다.

예를 들어 그동안의 세월이 아까워서 고시원 생활을 접지 못하는 나이 많은 고시생, 별로 애정이 남아 있지 않지만 함께 한 시간이 아쉬워서 헤어지지 못하는 오래된 연인들도 다 이 매몰비용 효과의 희생자이다. 이미 들인 비용은 되찾을 수 없으니 이제는 의미가 없는데 그것을 미래의 수익과 자꾸 연결시키려고 하는 것은 안타까운 노력이고 쓸데없는 헛수고이다. 지금은 오직 들어올 미래의 수익만이 중요할 뿐이다. 과거는 흘러갔다.

의인화의 함정 :
나에게 이럴 수가

　재미있게도 어떤 투자자들은 시장이나 주식을 실제 눈앞에서 거래하는 상대방쯤으로 생각하는 경향이 있다. 심지어 대화까지 하는 사람도 있다. 시장에 대한 의인화의 함정^{personify trap}이다.

　"2000포인트 갔다가 지금 1700인데, 뭐라고? 1500선까지 간다고? 설마 거기까지 가겠어? 시장이 우리 투자자들한테 그렇게까지 하겠어?"

　이것은 당연히 자신의 생각일 뿐이다. 상대방인 시장이나 주식은 다 사람들이 참여해서 이루어지는 것이라고 해도 결국 별개의 주체일 뿐이다. 따라서 나의 생각에 전혀 개의치 않고 움직이고 싶은 대로 움직인다. 전혀 내 사정을 봐주지 않는다는 뜻이다. 그러니 홀로 이런 생각을 하는 것 자체가 어리석은 얘기이다. 시장은 내가 이런 생각을 한다고 미안해서 주가가 안 내려가고 투자자들이 불쌍해서 올려주지는 않기 때문이다.

IMF 때도 "시장이 설마 600선을 깨겠어? 그러면 다 죽으라고?"(주식시장에서는 원래 표현이 원색적이다.) 하지만 그런 주가는 500뿐 아니라 400선도 쉽게 깼다. 그러더니 더 내릴 것도 없어 보이던 300선도 무참히 짓밟고 말았다. 조금도 봐주지 않고 말이다. 그러니 투자자들의 마음은 완전히 황폐화되었다. 모두 다 포기했다. 그러고 나서는 시장은 다시 상승하더니 1000포인트까지 그대로 올라 그때까지 살아 있던 투자자들에게 큰 수익을 주었다.

나중에는 거의 20여 년 동안 1000포인트만 되면 팔아야 했던 그 긴 역사도 여지없이 갈아 치워버리고 말았다. 1000포인트면 팔았던 투자자들은 1200포인트에 다시 사야만 했다. 그후 시장은 2000포인트주변에 머물고 있다. 시장은 객관적이다. 내 중심의 생각은 항상 내 안에서 갇혀 시장과 관련이 없고, 따라서 쓸모없는 판단을 내리게 된다.

위의 원색적인 표현 관련해서 투자자들이 하는 재미있는 표현이 있다. 원래 주식시장에는 각종 희한한 동사들이 난무한다. 이 표현들도 생각해 보면 투자자들 입장에서 자기중심적으로 나온 것이다.

가령 내가 주식을 팔고 나서 더 많이 오른 경우는 주식을 '뺏겼다'라고 표현하고, 오랫동안 시세를 못 내주고 마음고생만 시키던 주식을 팔 경우는 주식을 '날렸다'라는 표현도 쓴다. 하지만 잘못하면 반대 의미처럼 들릴 수도 있다. 또 시세가 그저 그럴 때 팔게 된 경우는 '줬다'라고 하고, 매수하려고 했는데 매수를 못하고 시세만 올라가는 경우는 '놓쳤다'라고도 한다. 요즘은 상한가가 높아져서 그럴 일이 없지만 예전에는 상한가로 매수 주문을 내서 따라붙었지만 매물이 없어 기본 수량만 배정받으면 '배급받았다'라고 표현한다. 모두 내 입장에서 시장을 보는 것이다.

사람은 어쩔 수 없이 자신의 입장에서 세상사를 보게 마련이다. 사실 안 그런 게 이상할 정도이다. 하지만 투자에서는 되도록 객관적인 시각을 견지하는 것이 반드시 필요하다. 이런 생각을 무의식 중에 하지 않는 방법은 역시 역사적인 투자의 사례를 많이 접하는 것이 좋다. 시장은 역사다.

공포심리 :
합창을 하면 주가는 반대로 움직인다

    시장의 악재나 불투명한 경기 전망으로 주식시장이 하락한다면 투자자들 대부분은 투자한 자산에 대해 막연한 불안감을 느낀다. 그러다 시세가 급속히 하락을 시작하면 마침내 공포를 느끼게 된다. 공포를 영어로 하면 Panic인데 경제가 최악인 상황을 대공황으로 규정하며, 이를 영어로 Panic Depression이라고 하니 경제가 최악일 때 심리적인 면을 강조해서 표현하는 것이 특이하다.

    이유가 정확히 알려지지 않은 상태에서 환율이 폭등하고, 경기가 급격히 하락하며, 소비는 위축되고, 기업들은 줄줄이 도산의 위기를 맞고, 시장 참여자들이 더욱 비관적인 견해를 잇달아 내놓는 상황은 투자자로서 전형적인 공포 상황일 수 있다.

그러면 시장이 폭락을 하며 전혀 예측할 수 없을 때 정신적으로 공포를 이기면 투자에 성공을 할까?

꼭 그렇다고 할 수는 없어도 적어도 큰 도움은 될 것이다. 왜냐하면 정신적인 평정이 투자를 하는 데는 매우 중요하기 때문이다. 그러나 현실적으로 공포를 느낄 때 투자자들에게 겁을 먹지 말고 정신을 차리라고 하더라도 그런 말들이 공포를 느끼는 당사자에게는 별 효과가 없다는 것이 문제다. 그것은 번지점프 대 위에서 뛰어내리지 못해 벌벌 떠는 고소공포증 환자에게 겁먹지 말라고 하는 것과 별반 차이가 없는 말이다. 기쁨·슬픔·분노 등의 보통 감정들과 달리 공포는 정신적인 쇼크를 동반하게 되기 때문에 사람이 일단 느끼게 되면 그 사람의 사고는 일시적으로 마비된다. 그 쇼크로 그것을 겪는 사람들은 시야가 좁아지고 판단력이 흐려지며 지금까지 잘해 왔던 생각도 정리를 못해 쩔쩔매게 된다.

이 상황에는 다른 사람이 던지는 무책임한 한마디가 사람들을 정신적으로 더 흔들고 영향을 주게 된다. 마치 신이 들린 사람처럼 정신을 못 차리는 상태가 되는 것이다. 이런 상태에서는 당연히 정상적인 투자 판단을 할 만한 심리의 상태가 되지 못한다. 투자나 시장을 판단할 만한 소신은 이미 무너졌고 생각하기도 싫은 닥쳐올 최악의 사태에 대한 무서운 걱정만 끊임없이 머릿속을 맴돌며 괴로워하는 것이다. 무조건 그 상황에서 벗어나고 싶은 생각뿐이다.

전에 공포 상황을 벗어나 본 경험이 있는 사람은 일단 처음 공포를 겪어 보는 사람보다는 아무래도 그 충격이 덜할 것이다. 이미 여러 번의 폭락을 겪어 본 경험으로 약간의 면역이 된 것 같지만 전에 그런 경험이 많다고 해서 반드시 그 충격을 덜 받는 것은 아니다. 지난 공포에서 느끼는 것을 이번에 또 느끼면서 내가 전에 겪어 본 것이니까 이번엔 잘할 수 있다기보다는 이번의 이 공포는 지난번의 그것과는 다른 종류이고 진짜 어마어마한 실체가 있는 공포임에 틀림없다고 생각한다.

이것 역시 '이번에는 다르다'는 편견 때문이다. 그래서 대부분의 투자자들은 매번의 폭락에는 강도만 덜할 뿐 계속 공포감을 느끼게 마련이다. 그렇다면 모든 경제 현상을 보면서 '이번에도 같다'라고 생각하며 사는 것은 어떨까?

공포에 대해 얘기하면 어떤 사람들은 "나는 겁이 없어서 그 점에 대해서는 문제없다."고 말하곤 한다. 그렇지만 전 재산이 걸려 있을 때는 다를 것이다. 다는 아니더라도 재산의 상당 부분이 걸려 있고 전쟁 위협이 있든지 IMF 사태급의 대형 악재를 만나 모든 게 불투명해 보일 때면 진짜 공포가 바로 옆에 와 있는 듯하다. 이렇게 불안할 때 다 잃기 전에 조금이라도 건져 보려고 최저의 시세에 팔지 말라는 보장은 없다.

그렇다면 이 공포는 어떻게 벗어날 수 있을까? 그 상황에서 어떻게 최소한의 평정심을 유지할 수 있을까?

우선 그 공포의 실체가 명확하면 두려움은 제한적인 것이 된다.

그것을 알게 됨으로써 그것을 어떻게 벗어날까도 생각하게 되고, 여러 사람들이 스스로 해결 능력도 있기 때문에 시간적인 예상도 가능하다. 문제는 그 공포의 실체가 있다는 것은 아는데 그 규모를 정확히 잘 모를 때 공포를 훨씬 더 느끼게 된다. 이때는 더 정확한 상황의 판단을 하기 위해 노력하고, 지금의 이 상황을 과거의 되풀이로 보고 지난 사례 중에서 유사한 사례를 찾아 되짚어 보는 것이 좋다. 이 정도의 자료는 단편적이지만 경제 신문이나 경제 서적에서도 구하기가 어렵지 않다. 그래서 시장이 오르면 따라 사야 되고, 시장이 내리면 화들짝 놀라서 따라 팔아야 되는 심리를 일단 안정시켜야 한다.

그 전에 전제가 되어야 하는 것은 상황이 악화되어도 나에게 큰 부담이 되지 않을 적당한 규모의 자산을 투자해야 한다. 과거의 사례에 대한 연구를 아무리 많이 했다하더라도 재산이 많이 걸려 있으면 초조함에서 벗어나기 힘들다. 때문에 작은 하락장에서도 혼자만의 무시무시한 공포를 즐길 준비를 해야 한다. 돈을 내고서도 롤러코스터를 타지 않는가.

2001년 11월이었다. 나는 회사 일로 미국의 실리콘밸리에 있는 거래처인 투자회사에 출장을 가게 되었다. 그 당시는 미국에서 9·11 테러가 발생하고 곧이어 아프가니스탄에서는 전쟁이 발발하면서 조만간 미국의 다른 대도시에서도 9·11과 유사한 테러가 발생하지나 않을까 무척 조심스러운 때였다. 그래서 직접 출장을 가지 않고 일을 처리해 보려고 무진 애를 써봤지만 결국은 거래처 직원들과 대면해야 하는 일이 있어서 가지 않을 수 없었다.

　그 당시 미국에서는 사람들이 모이는 모든 공적인 행사들은 다 취소되었고, 사람들은 항공편 여행이 두려워 자국 내 여행도 거의 하지 않는 상황이었다. 모 신문의 유머 란에 세계에서 가장 여행하기 위험한 나라 1위는 전쟁 중인 아프가니스탄, 2위는 미국이라고 하던 때였다. 나중에 아닌 것으로 밝혀졌지만 탄저균인 듯한 하얀색 가루의 소포가 미국 전역에서 수취되어 그 공포는 극에 달하던 때여서 미국 출장은 그야말로 매순간 긴장의 연속이었다.

　도착한 샌프란시스코 공항은 이곳이 국제공항인가 의심스러울 정도로 적막이 흘렀다. 가끔 방송에서는 주인이 없는 가방 등을 발견할 시 즉시 신고할 것을 당부하고 있었다. 공항에서 실리콘밸리까지의 도로도 매우 한적했다. 한국인이 경영하는 작은 호텔 카운터에 있던 주인인 듯한 사람은 나의 이런 용기에 감탄했을 정도였다.

　다음 날 거래처 담당자와 긴 미팅을 마치고 난 후, 오후 늦게 렌터카의 FM에서 흘러나오는 정체불명의 흰색가루 소포에 관한 뉴스를 들으며 한 골프장으로 향했다. 그 골프장은 몇 개월 전부터 부킹을 하지 않으면 근처에 얼씬하기도 어려운 명문이었다. 거기 역시 사람들은 볼 수 없었고 나 혼자 소위 말하는 대통령 골프(앞뒤 팀이 없이 치는 골프)를 치게 되었다. 몇 홀쯤 쳤을까 아무도 없는 줄 알았던 코스 저쪽에

한 사람이 열심히 채를 휘두르고 있는 것을 본 나는 눈을 의심하지 않을 수 없었다. 그 사람은 다름 아닌 예전에 내가 증권사 지점에서 영업하던 때의 고객이던 선배였다. 그 이후에는 오랫동안 연락이 뜸했지만 선배는 90년대에 계속적으로 주식투자로 성공을 해서 돈을 많이 벌었다는 소문이 있었다.

"아니 여기서 혼자 뭐하세요?"

"야, 이런 때 여기 안 오면 언제 와보겠어? 사람 많을 때는 코스가 아무리 좋아도 부킹도 안 되고 기다리느라 번거롭기만 하고……."

그리하여 이 선배와 나는 공을 두 개씩 놓고 플레이를 하며 평생 기억에 남는 환상적인 라운드를 했다. 어렵게 부킹을 했다면 이 라운드가 더 값져 보이지 않았을까 하는 매몰비용 효과의 생각이 들기는 했지만…….

그 일이 있고 난 다음 해던가 그 선배에게서 연락이 왔다. 저녁을 한번 먹자는 것이었다. 선배를 만난 나는 고기를 먹는 말에 아연실색하였다. 그 당시는 광우병 파동으로 세상이 흉흉하던 때였기 때문이었다. 강남에서 가장 잘 나가던 그 고기 집은 손님이 한 테이블도 없이 파리를 날리고 있었고, 찾아 들어간 우리를 바라보던 종업원들의 눈빛이 오히려 우리를 이상한 사람 취급하는 것처럼 느껴질 정도였다. 그날 저녁 메뉴는 주방장이 직접 가지고 나온 도마 위의 부위별 한우였다. 다시 말해 주방장 특선 종합 한우 뷔페였다. 주방장은 '어차피 내일도 안 팔릴 고기인데 마음껏 드세요' 하는 듯한 자포자기 심정으로 많이 주는 것 같았다. 이 역시 평생 기억에 남는 식사였다.

역시 돈을 많이 번 사람은 뭐가 달라도 다른 모양이다.

그런 일이 있은 후 어느 날 나는 오랜만에 학교 시절 친구들을 불러 점심을 사게 되었다. 무더위가 기승을 부리던 그날 내가 고른 점심 메뉴는 삼계탕! 하지만 친구들의 강력한 반대로 나의 점심 계획은 무산되고 말았다. 조류독감이 너무 극성이던 시절이었기 때문이었다.

결국 이 공포 상황은 알고 기다려 온 사람에게는 기회가 되고, 모르고 준비가 되지 않은 사람에게는 두려움 그 자체가 된다. 공포를 극복하는 방법은 과거의 경우와 지금의 현상에 대해 더 알아보는 수밖에 없다. 어차피 되풀이된다. 이번에도 다르지 않다.

군중심리와 쏠림 현상 :
백화점의 세일 인파

　일요일이면 가끔 내가 사는 동네 근처의 길은 몰려드는 차들로 교통이 엉망이 된다. 근처의 백화점 세일기간 마지막 날이 일요일과 겹치기 때문이다. 이 세일기간을 위해 쇼핑을 기다리고 있는 알뜰족도 꽤 많았다. 어떤 사람은 백화점의 세일 상품이 정해져 있어서 세일기간이 끝나면 다른 상품들로 바뀐다고도 한다. 그것은 시즌이 바뀌는 상황에는 그럴 가능성이 있지만, 필자가 유심히 본 결과 세일기간이 끝나 같은 상품을 원래 가격으로 다시 올려놓은 것도 많이 있었다. 그런데 이렇게 몰려드는 현상은 여기뿐이 아니다. 주식시장이나 오피스텔, 주상복합 아파트 분양에서도 몰려드는 현상은 자주 목격된다.

　1999년 주식시장은 기록적인 한 해였다. 증권사들은 지점을 내기만 하면 몰려드는 돈에 주체를 못할 지경이었고, 한 고객이라도 더 유치하기 위해 신규 지점 내기 경쟁을 하다시피 했다. 모 증권회사는 지점을 개설하는데 사무실 계약에서 인테리어까지 일주일도 안 되는 기간에 지점을 오픈하는 것을 목표로 삼기도 했다. 시장은 코스피가 200대 후반에서 도약해서 직선으로 1000포인트를 향하고 있었고 벤처기업들은 속속 상장되고 있었다. 그 당시도 펀드의 열풍은 대단했다. 적립식 펀드는 아직 없었지만 일시불로 투자하는 거치식으로 엄청난 돈들이 몰려들었던 것이다. 고객들은 은행의 장기예금 상품을 깨서 현금을 들고 주식시장에 들어왔고 이는 불붙은 시장에 다시 기름을 붓는 격이었다. 어떤 증권사 객장에서는 번호표를 받고 기다리는 고객이 많다 보니까 오죽했으면 객장의 청원경찰이 대신 상담을 해주는 진풍경을 연출하기도 했다. 투자 상담이기보다는 계좌 개설 양식 쓰는 것을 도와주는 정도가 아니었을까 추측하지만 말이다.

"계좌 열기 위해 오셨어요? 여기 양식 있으니까 쓰세요. 참고로, 저기 저분들 전부 ○○펀드에 투자하셨어요."

"펀드는 A, B, C가 있는데 이 중에서 하나 고르세요. 뭐가 제일 좋냐구요? B가 지금 수익률이 제일 좋습니다."

지금과는 격세지감이 있다.

이 두 가지 사례에서 차이점이라고 하면 전자는 세일 상품의 가격이 싸서 사겠다고 몰려드는 것이고, 후자는 주식이 뛰기 때문에 사야겠다고 몰려드는 것이다.

만약 그때 증권사 객장의 어느 투자자에게 어떻게 오셨냐고 물어봤다면 뭐라고 대답했을까? 아마 "더 비싸지기 전에 투자하고 싶어서 서둘러 왔다."고 얘기할 가능성이 많다. 하지만 그 투자자들은 주가가 많이 오르고 있는 것을 보고 몰려들었을 것이다. 그리고 쉽게 오를 것 같은 상황이기 때문에 짧은 시간에 수익을 낼 것 같은 기대감이 작용했을 것이다.

백화점의 세일 기간에는 30퍼센트 할인 가격으로 세일 상품을 사서 그 기간이 끝나 판매가가 원래대로 다시 복구되면, 이론적으로 그 상품의 가격이 43퍼센트 정도 오른 효과를 낸다. 비록 그것이 기분상의 일일지 몰라도 하루 이틀 만에 43퍼센트의 수익은 엄청난 것이다. 증권사 객장의 인파도 마찬가지이다. 오늘 주식이나 펀드를 투자하면 내일 당장 주가가 오르는데, 투자자들이 몰리는 것은 당연하다. 이런 현상은 전매 가능한 주상복합 아파트나 오피스텔 청약에서도 일어난다. 이런 청약에서 당첨되면 로또와 다름없고, 이때 투자자들의 생각은 오직 하나 "벌 수 있을 때 쉽게 벌자."는 것이다. 과거를 살펴보면 이런 쏠림 현상이 일어났던 즈음에 시세가 고점을 찍었던 적이 많다. 투자가 쉽고 확실해 보일 때, 그때를 가장 경계해야 한다. 최근에 그런 현상이 있었던 때는 언제였을까?

2019년 모 증권사가 주최하는 해외주식설명회에 많은 사람들이 몰려들어 폭발적인 호응을 얻었다. 늦게 온 고객은 서서 혹은 계단에 앉아서도 들었다고 한다. 아마도 그 동안 외국주식시장이 좋았으니 그럴 만도 하다. 이 경우도 마찬가지이다. 이렇게 투자시장에 사람들이 왕창 몰렸던 때가 정말 투자자들에게 좋았던 적이 있었던가 되돌아봐야 하지 않을 까.

앞으로는 백화점의 세일 인파 같은 현상을 주식시세의 세일기간 동안에도 증권사 지점에서 많이 봤으면 좋겠다.

4장

당신들의 투자심리-
숲을 보면 돈이 느껴진다

경기가 변동하는 이유

인간이 처음 자본주의적인 활동을 시작한 것은 의외로 먼 옛날부터였다. 처음에는 소규모 마을 단위의 사회였고, 그때는 자신이 모든 것을 해결해야 하는 자급자족의 사회였다. 시간이 흐르면서 인구가 늘고 더 많은 사람들이 모여 살게 되면서 각자가 자신 있는 물건을 만들었다. 그런 상품에 대한 수요를 맞추어 지역적으로 시간적으로 거래를 하는 상인들이 나타났다. 그런 면에서 전 세계를 떠돌아다니며 많은 사람들과 거래를 하고 다른 여러 장소를 다니며 장사를 한 유태인이나, 수천 년 전부터 한 지역에 엄청난 인구가 모여 살며 상업을 한 중국에서 이 상업자본주의가 제일 진보하지 않았나 생각된다.

하지만 제대로 된 자본주의의 역사는 200년밖에 되지 않는다. 따라서 사회적인, 사회주의적인 성향을 가진 인류는 그 자본주의에 적응

해서 진화할 시간이 충분치 않았을 것이다. 이것이 우리의 기회이다.

따라서 자본주의 사회에서 살아야 할 수밖에 없다면, 우리가 성공하기 위해서는 철저히 자본주의자가 되어야 한다. 그리고 사회주의 성향의 유전자를 아직도 유지하고 있는 이들이 만들어 내는 허점을 이해하고 있어야 한다. 그리고 그 자본주의의 게임의 룰을 알고 다루며 즐길 준비가 되어야 한다.

1700년대 조선시대의 학자 박제가는 서양으로 치면 아담 스미스의 국부론에 해당하는 《북학의》라는 책을 저술하였다. 이 책에서 그는 청나라를 둘러보고 조선의 비전을 제시하였는데, 그는 당시 중국의 발달한 상업에서 무척 감명을 받았던 것 같다. 그리하여 조선도 물자 교류를 촉진시키고 생산 활동을 장려하여야 한다고 주장하였다. 그 당시 중국은 그만큼 상업에는 앞서 있었다.

중국 상인의 원조는 초나라 때의 '범려'라는 상인이다. 그는 후대 중국 상인들의 정신적인 지주이기도 한데, 그는 다음과 같이 말했다. "사업이 번성하면 쇠퇴할 것을 염두에 두어라."

예컨대 번창했을 때 그만 멈출 수 있어서, 쇠퇴의 국면으로 가는 것을 피하라는 것이다. 그는 또 "물가의 등락이 수요와 공급에 있어 잉여와 부족 때문에 생기니 장사의 요체는 그 변화를 정확히 파악하고 이용하는데 있다."라고 했다. 즉, 가격이 낮을 때는 사고 가격이 높을 때는 팔아야 한다는 것인데, 2500년 전에 그들은 이미 경기의 변동과 사업의 흥망성쇠를 알고 있었던 것이다.

인간은 본능적으로 경기가 한번 좋기 시작하면 계속될 것으로 생각하는 우를 범한다. 이미 설명한 지속 편견 혹은, 관성의 법칙이 작용하는 것이다. 그때 하게 되는 말이 '이번에는 다르다!'이다. 또한 이런 성향을 가속화시키는 것은 경기가 좋고 자산 가격이 강세를 보일 때 사람들이 이에 편승해서 단기적으로 쉽게 이익을 내려고 하기 때문이다. 누가 어디에 투자해서 돈을 얼마 벌었다더라 하는 얘기는 쉽게 입소문으로 퍼져 나간다. 그리고 다른 사람들이 이익을 보고 있는데 나만 투자를 하지 않고 있으면 나 혼자 그 기회를 잃는 것이라는 불안감과 그것에 대한 막연한 호기심이 생기게 된다.

"벌 때 벌자!"

남들 다 하는데 나만 하지 않고 있다는 생각은 보통 사람으로서는 떨쳐 버리기 쉽지 않다. 이 생각이 얼마나 강한 지 예를 들어보자. 공부를 하기 싫어하는 학생이 있다고 하자. 이 학생을 모든 학생이 공부를 열심히 하는 분위기의 학교로 보내 보자. 그렇게 되면 이 학생도 어느 정도 공부를 열심히 하게 된다. 나 혼자 놀기도 쉽지 않기 때문이다. 그래서 많은 부모들이 좋은 학교를 보내고 싶어 하는 것이다.

그래서 사람들은 나에게 없는 것을 얻어야 한다는 생각보다는 남들도 다 갖는 것을 나만 못 가지고 있다는 생각에 두려움을 갖는다. 다른 사람들이 다 하는 것을 나도 해야 안심을 하게 되는 것이다. 이런 사고는 인간이 무리생활을 하게 되는 유전적 구조에서 시작되는 것 같다.

북유럽에 가면 들판에 레밍이라는 작은 들쥐가 산다. 이 레밍은 실험실의 쥐만큼 작고 색깔은 다람쥐처럼 예쁘다. 레밍은 한꺼번에 엄청난 수가 무리를 지어 서로에게 의지하고 사는 동물이다.

"난 단 한 순간도 여길 떠나면 살 수가 없어. 여기가 나의 쉴 곳이고 내 가족, 내 친구들, 내 보금자리거든."

그러나 이 레밍의 무리는 가끔 한 번씩 초원 위를 질주한다. 그리고 그 질주하는 무리의 선두는 절벽 위에서 몸을 던져 죽고 만다. 이를 뒤따르던 수많은 레밍들도 절벽에서 따라 떨어져 죽는 기현상을 일으킨다. 이것은 레밍효과lemming effect 즉, 군중심리이다.

그러면 레밍들은 왜 절벽에서 몸을 던졌을까? 그것보다 먼저 떨어져 죽는 레밍을 보고서도 뒤따르는 레밍들은 왜 허망하게 삶을 포기했을까? 진짜 자살하려고 했을까?

일단 옆에는 가족도 있고 친구도 있고 믿을 만한 모든 것들이 함께 열심히 뜀박질을 하고 있기 때문에 안심할 가능성이 있다. 설마 이 길이 끝이라고 생각하지도 않을 뿐만 아니라, 누군가가 "이 길로 계속해서 뛰면 모두 다 죽어." 하더라도 믿지 않는다. 우리 모두 지금 재밌게 놀고 있기 때문이다. 일반적으로 쥐들은 침몰할 배에서도 본능적으로 출항 전에 내린다고 하는데 본능보다 강한 게 군중심리 아닌가 싶다.

남들과 똑같은 일을 해야 마음이 놓이는 동물들은 많다. 인간도 원시시대에는 무리를 지어 서로 도와가며 오순도순 살았을 것이다. 그러니 지금 이 많은 수의 인류가 지구상에서 살게 된 이유이다. 다만 옛날에는 돈이 없었고 투자도 없었고 가치의 보존도 없었다. 먹을 것이 있으면 같이 먹으면 되었다.

그러나 이제는 세계경제의 틀 속에서 누군가와 비교하고 경쟁하는 것은 자연스러운 일이 되었다. 그와 더불어 성공해야 한다는 욕구도 높아진 건 당연한 현상이다. 하지만 이 사회에서 성공하기 위해 반드시 다른 사람들을 딛고 일어서야 하는 것은 아니다. 많은 사람들이 몰리는 곳에서는 경쟁이 있지만, 사람들이 적은 한적한 곳에서는 그런 부담 없이 지낼 수도 있기 때문이다. 많은 사람들이 어떤 일을 하기 위해 모이면 나는 그들이 하는 일과 전혀 다른 일을 찾아보는 것이 더 나을지도 모른다.

그렇다고 독불장군처럼 사고와 행동을 하면 투자에서 성공한다는 뜻이 아니다. 우리는 인간의 군집생활 습성을 잘 이해함으로써 군중심리로부터 객관적인 것을 얻어 내고, 이들이 만들어 내는 부조화를 미리 알아내기만 하면 되는 것이다. 그것이 투자의 포인트이다. 결국 경기의 등락은 군집생활 습성의 인간들이 만들어 내는 쏠림 현상에 나타나는 것이다. 이런 생각이 인간의 행동에 영향을 주고 투자 활동에도 어김없이 영향을 미쳐 시장이 과열되어 있을 때면 사고를 마비시켜 맹목적으로 뛰어들게 하는 것이다. 이것이 시장을 과열시키기도 하고 너무 위축시키기도 한다.

우리는 불황과 호황을 번갈아 가며 경기가 주기적으로 바뀌는 것을 보아 왔다. 그러니 우리가 투자를 하거나 사업을 할 때에도 사실상 이 경기 변동은 매우 중대한 영향을 미친다. 경기가 어려워지려는 변곡점에 새로 사업을 시작하는 것이 경기가 나아지려는 순간에 사업을 시작하는 것보다 훨씬 더 어려울 것은 분명하다. 그리고 평범한 직장 생활조차도 불황에는 어려움을 많이 겪는다는 것을 여러분은 잘 알 것이다.

"그럼. 이 경기의 움직임을 미리 알면 좋겠네요?"

너무나 지당한 말이다. 하지만 숲 밖에 있을 때와 숲 안에 있을 때는 시야가 완전히 다르기 마련이다. 숲 안에서는 내가 숲의 어디쯤 있는지 파악이 어렵다. 그럼 숲 안에서 우리가 할 수 있는 일은 무엇이 있을까? 바깥의 멀리 있는 산의 모양을 보는 것은 가능하다. 지난번에 숲 밖에서 봐 두었던 산세를 기억하고 대충 내가 어디쯤에 있는지 짚어 볼 수도 있다. 또한 바깥에서 여기까지 어떤 경로로, 얼마나 깊이 들어왔는지도 새겨볼 수 있겠다. 아무튼 안에서는 시장이 객관적으로 보이지가 않는다는 점이 주식시장을 읽는 묘미이다.

흔히 주식 전문가나 애널리스트들 중에 경기를 예측하는 것이 의미 없다고 얘기하는 사람이 있다. 아마도 경기를 제대로 예측하는 것은 어렵고, 제대로 예측한 것을 못 봤다고 얘기할지도 모른다. 그리고 경기와 주가나 부동산 가격이 장기적으로 일치할 지 언정 단기적으로는 일치하지도 않는다. 어떤 경제학자들이 모여서 주식투자를 했는데 얼마를 손해 봤다는 얘기도 회자되지만, 결국 장기투자로 성공하려면 이 경기를 모르고서는 나무만 보고 숲을 보지 못하는 것이다. 경기에 대한 예측이 쉽지는 않지만 항상 관심을 가지고 경기 변동을 읽어 보는 것은 경제나 투자의 마인드를 키우는 데 완전 기본이 된다.

동행지표와 선행지표

무릎이 쑤시면 비가 온다는 할머니의 말씀이 맞다면, 우리는 할머니가 무릎이 아픈 날 아침에는 우산을 꼭 가지고 집을 나서야 한다. 투자의 백미는 예측이다. 예측 없이 시류에 편승하는 것은 쉬워 보이지만 내가 알고 시작한 일이 아니기 때문에 게으른 자의 불운이 되기 싶다. 아마도 쑤시는 무릎은 아마도 비가 올 것을 미리 알려 주는 선행지표leading indicator일 것이다.

봄이 되면 강남 갔던 제비는 돌아온다. "제비 한 마리가 봄을 가져오지는 않는다."라는 외국의 속담이 있는데, 그러면 이 강남 제비는 봄이 되어 여기에 왔을까 아니면 봄이 될 것을 알고 왔을까? 조류학자들은 새들은 종류별로 일정 온도가 되어야 살 수 있음으로 제비가 여기 왔다는 뜻은 여기가 살 만한 기온이 되었기 때문이라고 한다. 그럼 제비와 봄은 같이 오는 동행지표^{coincident indicator}인 셈이다.

그러면 가장 추운 겨울날 "더 이상 춥지 않고 이제부터 기온이 올라 봄으로 갈 것이다."를 어떻게 알 수 있을까? 미리 알면 동면하는 많은 동물들에게 알려 줄 수도 있고 제비에게도 알려 주고 언제 오라고 할 수도 있을 텐데 말이다. 방법은 기상대의 장비와 기술과 분석하는 법을 알면 가능할 수도 있지만 그 마저도 틀릴 확률은 있다.

그러나 그 중에는 최저기온의 겨울날을 알아맞힐 수는 없어도 우리가 알 수 있는 거의 확실한 것들도 있다. 봄이 되어 산수유가 피기 시작하면 목련이 피고 이어서 개나리와 진달래가 핀다. 그리고 벚꽃이 피고 라일락이 피고 곧이어 민들레 씨가 바람에 날리면 5월은 시작된다. 거의 확실하다. 꽃이 순서대로 피는 것은 우리 모두 알고 있다. 그러나 2월 어느 날, 오늘의 기온이 이번 겨울의 최저기온이 될 거라는 것은 정말 알기 어렵다. 그날을 알면 앞으로는 기온이 올라갈 일만 남았다는 것을 알 수 있을 것이다.

겨울을 지내다 보면 겨울은 그야말로 끝도 없을 것처럼 추운 날들이 계속된다. 봄이 된다는 것은 도저히 상상하기 힘들 정도로 추위는 맹위를 떨치며 온 세상을 얼려 버린다. 여름도 마찬가지다. 열대야에 잠 못 드는 밤은 이 여름 밤이 영원히 계속될 것 같은 생각뿐이다. 그럼에도 불구하고 우리는 경험적으로 겨울이 지나면 봄은 반드시 오며 여름이 지나면 가을은 반드시 오게 마련이라는 것을 알고 있다. 우리는 항상 추울 때에는 날씨가 풀릴 때를 생각해야 되고, 여름이 되면 홍수를 대비하고 태풍에 지붕이 날아가지 않도록 만반의 준비를 해야 한다.

마찬가지로 경제나 투자의 시장도 기후처럼 경제의 봄·여름·가을·겨울이 생기게 된다. 돌고 도는 것이다. 경기가 좋을 때는 "이번만은 달라. 이번에는 이대로 계속 경기가 좋을 거야. 왜냐하면 IT가 발달해서, 혹은 우리 경제구조가 튼튼하니 지금까지 우리가 생각하던 패러다임은 바뀌어야 하는 거지."하곤 한다. 인간의 속성을 잘 알고 이것을 느낄 수 있는 사람이라면 더 이상의 원시적이고 본능적인 인간이 아니다.

생활 속에서 찾는 생생 경기지표

"당신의 이웃이 실직하면 침체recession이고 당신이 실직하면 불황 depression이다. 그리고 카터가 대통령직에서 내려오면 그건 경기회복 recovery이다."

로널드 레이건의 미국 대통령 선거 때 경기에 대한 정의는 이렇게 간단했다. 이 정도로 간단하다면 누군들 투자를 못하겠는가. 그것이 그렇게 쉽지 않더라도 나는 경제의 흐름을 읽는 작업은 인생을 사는 재미이고 사교 생활의 일부분으로 알고 생활한다. 이 책을 읽는 여러분들도 주변에서 항상 경기의 지표를 찾아보는 경제 마인드를 가지고 생활할 것을 권한다.

자, 그럼 우리 주변에서 찾을 수 있는 경기를 한번 진단해 보자. 우선 길을 나서자. 밤늦게 모임에서 나와 어쩔 수 없이 택시를 타게 되면 기사에게 물어볼 수 있다. 기사 아저씨는 경기가 좋다고 할까? 내 경험으로는 경기가 나아졌더라도 기사 아저씨들이 좋다고 답할 확률은 거의 없다. 다만 택시를 타기 전에 '요즘 왜 이렇게 택시가 잘 안 잡히지?' 라는 것을 느꼈다면 여러분들은 이제 경기가 나아지고 있는 조짐 하나를 얻은 것이다. 그리고 택시를 탄 후에 기사분에게 물어볼 수 있는 것들이 있다.

"기사님은 택시를 몇 년 모셨어요?"

"20년 됐는데요."

물어보기 좋은 상대를 만났다.

"요즘 어때요? 힘들죠?"

"말도 마세요. IMF 때보다 더 안 좋아요."

그런데 요즘은 거의 이런 얘기를 듣는다.

"저요? 10개월이요."

"할 만하세요?"

"그런대로 괜찮아요." 혹은 "생활하는 정도죠, 뭐."

이 정도면 경기는 매우 좋은 편이다.

"5년째예요."

"어때요? 요즘."

"갈수록 어려운 거 같아요. 집에서 놀 수는 없고."

어제 만난 30대의 기사분은 길에 차는 잘 빠지는데 손님이 없다고 하였다. 이를 해석하면 경기는 계속 바닥을 헤매고 있다는 증거 중 하나이다. 교통량도 줄었고 손님도 없다니까 말이다. 사람들은 본업이 어려우면 택시운전을 하곤 하는데 내가 보기에는 택시기사 일은 상당히 전문직인 것 같다. 그래서 면허증이 있다고 아무나 뛰어들어 쉽게 돈을 버는 일은 아닌 거 같다. 적어도 내가 만난 기사들의 얘기를 종합하면 그렇다. 놀 수 없어서 뭔가를 해야 하는 상황에서의 택시운전은 다시 생각해 봐야 한다.

자 그러면 지금부터 경기를 확인하러 시장에 나가 보자. 남대문시장에 나가 보면 먼저 무엇을 볼까? 우선 아동복이 잘 팔리는지를 보자.

"아이 옷을 살까 해서요……. 그나저나 요즘 장사 잘 됩니까?"하고 물어본다.

"그저 그래요." 내지는 "요즘은 그런 대로."

이 정도면 들을 수 있는 최고의 답변이고 시장의 경기는 좋다는 뜻이다.

"이랬던 적이 없어요."

이런 대답을 들었다면 동대문에 빼앗긴 상권에 경기마저 안 좋다는 뜻이다.

그러면 시장 안으로 더 들어가 신사복은 어떤가 보자.

"요즘 조금 나아지는 것 같아요."

"졸업 시즌이잖아요."

다른 말로 하자면 회사에 입사 지원생들이 많고 신입 직원이 늘어났다는 뜻이리라. 이 신사복이 졸업 시즌이 아닌데 판매가 늘어나는 조짐이 보인다면 경기가 수상한 것이다.

"좋아지려나?"

시장의 바닥경기를 알 수 있는 생생지표를 알아보자. 요즘 서민경제의 지표는 소형 트럭의 판매량에서 찾을 수 있다. 예전에는 상인들이 좌판을 깔아놓고 장사를 하였지만 지금은 1톤 트럭으로 장사를 많이 한다. 이것은 시장의 바닥경기와 일치한다고 한다. 시장의 바닥경기를 가장 잘 파악하는 지표는 시장 근처의 상인들이 모여드는 24시간 영업하는 식당의 심야 매출액을 보면 알 수 있다. 경기가 안 좋은데 늦게까지 많은 사람들이 활동할 리 만무하기 때문이다. 경기가 나빠지면 속상해서 밤늦게까지 술 마시고 해장하는 사람이 많지 않을까 추측되지만 불경기가 깊어지면 모두 집에 일찍 들어가서 가정용 소주나 맥주를 마신다.

"형님, 요즘 많이 바쁘신가 봐요."

"아니 전혀. 왜?"

"아니, 뵌 지도 오래되고 해서 차나 마실 겸 한번 들리세요."

치과의사인 동서에게서 전화가 오기를 나는 항상 고대하고 있다. 환자가 끊이지 않는 이 친구가 한가해져서 내게 전화를 하면 그것은 정말 불황이었다. 다른 말로 하면 그곳이 바닥이었다. 이렇듯 경기가 좋아지는 것을 피부로 느끼려면 개업한 지 오래된 치과, 성형외과의 환자 수를 보는 것도 한 방법이다. 사람들은 돈을 많이 벌기 시작하면 당장 필요가 없었던 치료를 받기 위해 지출을 하게 된다. 반대로 이런 성형외과나 치과병원의 환자 수가 적어지면 경기가 나빠진 것이지만, 이것은 경기가 좋아져서 환자가 많이 오고 경기가 나빠져서 오지 않는 명백한 후행지표lagging indicator이다. 경기가 꺾이는 시기까지 한동안은 돈이 풍부할 테니 말이다. 그런 병원에 갈 기회가 있다면 꼭 한번 물어보길 바란다.

경기를 파악하는 지표 중 이미 알려진 사례를 보자. 길거리의 담배꽁초 길이가 짧아지면 예전에는 불경기를 뜻한다고 했는데 요즘은 길거리의 꽁초가 많지 않으니 관찰 자료로 의미가 없다. 또 소주나 라면의 판매량이 증가하면 불경기라고 하지만 일반인들로서는 그 통계를 가까이하기 쉽지 않다는 것이 흠이다. 당뇨병 발병률이 떨어지면 불경기라는 것도 미리 알아보기 힘든 수치이다. 그리고 애프터서비스 직원이나 수리공이 요청 전화를 받고 빨리 방문하면 불경기라는 것은 일이 없어서 빨리 오는 것이라는 얘기인데 다소 연관성이 떨어져 보인다. 일이 없으면 그런 근로자 수는 신축적으로 운영하지 않나?

우리가 쉽게 접할 수 있는 내용으로는 지하철 내의 광고판에 빈자리가 있을 정도면 불경기가 깊어졌다는 뜻이 된다. 지하철을 타면 유심히 보도록 하자. 또한 점을 치러 가는 사람이 많아 점집이 잘 된다면 사업이 안 되어서 답답한 사람이 많거나 불투명한 미래의 불안이 많다는 증거이지만 연말 연초에는 알아보지 마시길 바란다. 그때는 일 년 중 점집의 대목이니까 말이다.

"내년에는 제가 취직이 될까요?"

"글쎄, 요즘의 추세로 봐서는 그렇게 될 것 같아. 내년이 유력하지. 암."

"예? 왜요?"

"요즘 나를 찾아오는 사람들이 부쩍 늘었거든. 이렇게 찾는 사람이 많을 때가 보통 경기가 바닥이더라고. 내년부터는 좋아진다는 얘기지. 걱정 말게나. 열심히 살아."

오랫동안 점집을 한 노인은 이미 경기의 흐름까지도 파악을 하고 있다.

지표를 더 찾아보자. 고급 호텔에 가게 되면 도어맨에게 한번 물어보자.

"요즘 호텔이 갈수록 붐비네요?"

"별로 그렇진 않은데요." 혹은, "무슨 행사가 있어서 그렇죠." 혹은, "요즘 좀 그래요. 경쟁 호텔이 리모델링을 해서 그런데 끝나면 또 모르지요."

확실히 최고급 호텔 로비에 사람들이 붐비기 시작하면 경기는 나아지고 있다는 뜻이다. 닭이 먼저냐, 계란이 먼저냐 라고 하겠지만 돈이 처음 풀리기 시작하는 것은 역시 돈을 가진 대기업들이나 외국 투자가들이고, 이들이 많이 이용하는 최고급 호텔이 붐비기 시작했다는 것은 이들이 돈 냄새를 맡고 움직인다는 뜻이다. 경기는 절대로 서민경제의 바닥인 동대문시장에서부터 제일 먼저 나아지지는 않는다. 그런 점에서 신빙성이 많은 지표다.

논란이 좀 있긴 하지만 체감 지표에서 꼭 등장하는 것이 여성의 치마 길이 또는 립스틱 색깔과 경기와의 연관관계다. 어떤 심리학자들은 경기가 안 좋을수록 여성들은 자신을 돋보이게 하고 싶은 심리가 있어 미니스커트를 선호한다고 얘기한다. 왜 경기가 나빠지면 여자들은 자신을 더 돋보이고 싶어지고, 경기가 좋아지면 자신을 덜 돋보이게 하고 싶을까? 이는 워낙 유명해 '치마 길이 이론skirt-length theory'으로 불린다. 아마 불경기에 여성들이 초라해 보이지 않기 위해 되도록이면 짧고 도발적인 옷차림을 하기 때문이라고 하는데, 어떤 학자는 요즘은 여성들의 사회 진출이 활발해 여성 복장이 단순화해져서 경기 변동과는 무관하다고도 주장한다. 마찬가지로 경기가 안 좋을 때 립스틱 색깔이 진해지는 것은 비싼 화장품을 구입하기 부담스런 정도로 경기가 안 좋을 때 나타나는 현상으로, 진한 립스틱 하나로 다른 화장을 하지 않고 화장 효과를 극대화 하려는 경향이 있기 때문이다. 비교적 싼 립스틱의 판매도 불황의 정도를 나타낸다고 한다. 그래서 세계적인 화장품 회사인 에스티 로더 사는 경제지표로서 립스틱지수를 만들어 정기적으로 발표하고 있을 정도다. 주름 방지 크림 같은 고가의 기능성 화장품은 상대적으로 경기가 좋을 때 많이 팔리는 아이템이라고 한다.

또한 집에 일찍 들어가는 날이 많아져서 인지 부부 사이가 좋아져서 콘돔의 판매량이 증가한다고 한다. 콘돔은 경기가 안 좋을 때 많이 팔리는 대표적인 아이템의 하나이다. (글쎄, 독일에서는 공휴일의 일수가 늘어나니 부부싸움이 잦아져서 이혼율이 늘었다는 통계도 있었는데 어느 게 맞는 건지 모르겠다.) 반면 남성이 멋을 부리고 콘돔 판매가 줄면 경기 회복의 신호라고 하니 부부애를 위해 경기를 희생시킬지 경기 회복을 위해 당분간 부부애를 희생하는 게 좋은 지 판단해볼 일이다.

주류업계에서 보면 불경기일 때 소주 판매가 늘고 호경기에는 맥주가 잘 팔리는 것이 거의 공식이 됐다. 싼값에 빨리 취하게 하는 소주는 불경기에 실업자가 된 사람들이 많이 마시는지 경제지표인 실업률과도 밀접한 상관관계가 있다. 또 경기가 좋을수록 밖에서 마시는 업소용 주류가, 나쁠수록 집에서 혼자 마시는 가정용 주류가 더 팔리는 것도 주류업계의 생생 경기지표이다.

업계를 조금 더 살펴보자. 음식료품 업계에서는 불황일수록 초콜릿과 같은 달콤한 음식이 잘 팔린다고 한다. 경기 침체로 고통을 겪고 스트레스를 받는 사람들은 단 음식으로 마음의 위로를 얻는다고 한다. 소주를 마시지 않는 사람들은 단 음식으로 푸는가 보다. 이 모든 신호가 제비 같은 동행지표인지, 무릎 같은 선행지표인지, 아니면 성형외과 환자 같은 후행지표인지를 판단해 보는 것은 재미있는 과제가 될 것이다.

대선 같은 큰 정치적 이벤트가 경제와 투자 시장에 미치는 영향력은 막강하다. 주식시장을 중심으로 보면, 지금까지는 '전강후약(대선 전 강세, 대선 후 약세)'라는 말이 있어 왔는데, 이는 현 정부와 여당이 정권을 유지하기 위해서 물가안정과 금융시장에 신경을 쓰고 주식시장도 일정 수준 이상을 유지하면서 국민들의 호감을 사려는 정책을 펼 것이라는 기대심 때문이다. 또한 대선 전에는 정부나 야당 대표가 장밋빛 공약과 정책을 내세우는 것도 기대감을 불어넣는 역할을 당연히 할 것으로 생각하고, 선거에 필요한 자금 수요에 따른 통화 증가 등의 경제 환경 변화가 투자자들의 기대심리를 부추겨 주가가 상승한다는 것인데, 지금까지 대선 전과 대선 후의 사례를 보면 이 속설이 반드시 맞아떨어진 것은 아니다. 다만 대선 전 1개월간의 주가 평균은 0.5퍼센트 하락해 왔고, 대선 후에 1개월 동안 주가는 8.6퍼센트 상승해 왔다는 통계가 있을 뿐이다. 이를 보면 선거가 경기의 흐름에 일부 영향을 줄 수 있을지는 몰라도 기본적으로는 경제 주변 여건에 따라 주가는 변하는 것으로 보인다. 동서양을 막론하고 선거는 투자자에게 좋은 얘깃거리가 된다.

소비에서 경기의 변화를 찾아보자. 어떤 학자는 명품들이 대중화되며 생겨난 소비 형태의 양극화 현상을 불황 때문이라고 한다. 특정 소비자의 특이한 소비와 절약 패턴이라는 극을 달리는 소비의 양극화는 내가 소유한 한 가지 정도는 최고의 명품을 소유하겠다는 심리이다. 이것은 일상용품은 보통의 값싼 제품을 쓰면서 여성용 핸드백이나 구두 등의 특정 용품에는 명품을 갖고 싶어 하는 것으로 개인의 소비 취향이 자기만의 가치를 지향하면서 일어난 현상이다. 2002년 일본은 한창 불황기였지만 고가의 명품 브랜드인 루이비통이 홀로 호황을 보이며 전년 대비 15퍼센트나 매출이 증가했다. 이는 명품을 사고 싶은 소비자의 심리와 불황이라는 경제적 제약이 맞물린 사례라고 볼 수 있다. 물론 위의 속설로만 경기의 흐름을 정확하게 진단할 수는 없다. 또 계량적인 근거도 부족하기 때문에 이런 속설은 정확성에 의문이 제기된다. 이런 지표는 공식적인 지표를 보완하는 정도이지만 우리들은 이런 관찰을 습관적으로 해보면 일반 투자자로서는 경제 마인드를 키울 수 있는 매우 좋은 계기가 된다.

여러분들이 소속된 업종에도 그 업종만의 경기를 진단할 수 있는 지표가 있다. 기업에 필요한 사람을 찾아주고 인적 자원에 관한 컨설팅을 하는 헤드헌터 업계에서는 어떨까? 고객인 기업들이 비어 있는 자리에 맞는 직원만 찾으면 경기가 그저 그럴 때 즉, 경기가 별 재미가 없을 때이다. 필시 그 자리는 반드시 채워야 할 자리로 자격증이 필요하거나 정확히 경력에 맞는 전문직일 것이다. 만약, 기업들이 갑자기 임원급을 찾으면 이는 십중팔구 경기가 나아지는 조짐이다. 경기가 좋아질 전망으로 새로운 사업을 하기 위해 기존의 내부 인원으로 충원할 수 없기 때문이다. 새로운 비전을 볼 정도로 경기가 확연히 돌아서고 있다는 증거이다.

여러분 각자의 주위에는 움직이는 인간 지표들도 있다. 사촌이 차를 바꿀 때면 매번 경기가 상투를 보였다든가, 본인이 들으면 기분 나쁘겠지만 엄연히 그래 왔다는 것은 경제적인 가치가 있는 현상이다. 회사 동료 중에 김 대리가 투자하기만 하면 그때부터 그 주식의 가격이 떨어지기 시작한다는 것을 우스갯소리로 할 수 있지만, 김 대리의 정보 수집 과정을 가만히 보면 뒷북이 많다는 것을 알 수 있다. 그는 계속해서 불꽃놀이만 쫓아다니는 것이다. 그 다음은 어두운 곳에 재만 남기 마련이다.

생활을 하며 우리 주변에 경기지표나 투자 심리지표가 될 만한 것들이 뭐가 있는지 살펴보자. 평소에는 못 느낄지 모르지만 시장이 정신없이 미쳐 날뛸 때나 대형 악재의 공포로 너무 무서울 때 내가 남보다 먼저 정신을 차리기에는 더할 나위 없이 좋은 지표들이다.

그럼 이번에는 바다 건너 미국 경제학자들이 보는 경기 관련 징후 몇 가지를 살펴보자. 우리나라와 여건이 다르기 때문에 상관이 없을 수도 있지만 그 논리는 배워 볼 만하다.

유명 경제 칼럼니스트인 윌리엄 페섹은 초고층 빌딩이 건설되면 불황이 온다고 주장한다. 시기적으로 오래 걸리는 빌딩 건설이기 때문에 어느 타이밍으로 봐야 하는지 다소 모호하지만 예언자적인 임팩트는 있는 것 같다. 그는 1997년 아시아 금융 위기 때의 말레이시아 페트로나스타워, 1974년 오일쇼크 직후의 미국 시카고의 시어스타워 건설, 1930년의 대공황 직후의 뉴욕 엠파이어스테이트 빌딩이 대표 사례로 꼽는다. 이를 응용해 2001년의 대만의 타이페이 국제금융센터가 준공되었을 때는 전 세계 IT 거품이 꺼졌고, 2008년 8월 중국 상하이에 세계금융센터(492미터)가 완공되며 중국 경기가 둔화되었다. 여기까지는 초고층빌딩 논리가 잘 맞았다.

하지만 최근에는 이 논리가 잘 맞지는 않는 듯하다. 중국에서 상하이센터(580미터)가 2014년 완공했을 때 불황이 오는 타이밍으로 얘기하는 전문가도 있었지만 그런 징후는 없었던 것으로 기억한다. 서울 잠실에 123층 555미터의 롯데타워가 2015년 말에 완공되었을 때도 별 경제적인 불황은 없었다. 큰 빌딩을 건설하는 데에는 자본 유입이 커지면서 주변의 돈을 빨아들여 경제를 어렵게 만든다는 논리인데 페섹의 이론이 더 이상 맞지 않는 건지 궁금하다.

노벨상을 수상한 폴 크루그먼 프린스턴 대학 교수는 텔레비전 CF 광고가 차분하고 진지해지면 호황기가 곧 끝난다고 하고, CNBC방송의 유명 경제 해설가인 로렌스 커드로는 집수리 예약이 쉬워지면 불황이 온다고 했는데 이는 후행지표라고 볼 수 있다. 노스웨스턴 대학교의 로버트 고든 교수는 맥도날드의 구인광고가 감소하면 경기가 나빠진다고 했는데, 미국의 바닥경기인 패스트푸드점이 직원을 안 뽑는다는 뜻은 다른 좋은 일자리가 없기 때문에 직원들의 이직이 없다는 뜻으로 해석된다. 메레디스 백비《미국 연례 경제보고서》저자는 스타벅스 커피 맛이 싱거워지면 불황 신호라는데, 경기가 나빠지면 같은 물의 양에 커피 양을 줄이기 때문일까?

대다수의 사람들이 경기 불황을 느낄 때면 이미 불황은 상당히 진행된 상태가 된다. 얼음을 보고도 차갑다고 느끼지 못하고 비로소 몸에 닿아야 차갑다고 느끼는 게 보통 사람들의 불황심리이다. 실례를 들어, 미국 뉴욕의 예술인들이 가장 사랑한다는 핫도그 전문점인 '그레이즈 파파야Gray's Papaya'에서는 '불황스페셜(Recession special, 핫도그 두 개와 음료수)'이라는 저가의 메뉴를 내놓았는데, 그때는 경기의 침체가 이미 끝난 후였다. 그러던 최근 2008년 2월에는 그 메뉴의 원가가 올라 가격을 올리겠다고 발표하더니 그 몇 달 후인 10월 3달러 50센트에서 4달러 45센트까지 올리고 말았다. 이제 뉴욕 사람들은 이 불황에 '불황스페셜'마저 먹기 힘들어 졌다고 불만을 토로하는 상황이 되었다. 하지만 가격을 올린 10월에는 핫도그의 원재료인 곡물가가 이미 많이 폭락한 후였다. 결국 주변에 흔히 보는 음식점들도 경기에 엄청 후행하고 있는 것이고 이는 일반인들의 경기에 대한 체감이 매우 늦다는 것을 의미하는 것이다.

경기 예측에 대한 많은 지수가 있지만 실질적인 것으로 미국에서는 R단어지수$^{\text{R word index}}$라는 약간 실질적이고 계량화할 수 있는 것이 있다. 이는 워싱턴포스트, 뉴욕타임즈라는 양대 신문에 R(Recession, 경기침체)이 처음 쓰이면 경기의 최고치라고 보는 것이다. 대략 그 시기에는 투자 자산을 부분적이거나 상당 부분의 매도를 고려해 볼 수 있다.

그 밖에 국내 한 증권사에서 발표하는 탐욕공포지수란 것도 있다. 이것은 주식시장에서 투자자의 심리적 상태를 계량적으로 표시한 것으로 일종의 투자 심리지수이다. 거시경제의 심리를 반영하는 경기지표와 기업의 이익 추정에 대한 심리를 반영하는 기업이익지표, 그리고 증시 자금 흐름을 반영하는 자금흐름지표, 증시 자체 변화를 반영하는 시장지표 등 4개 부문을 종합한 것으로 분석 결과 코스피지수의 흐름을 선행하는 것으로 나타났다고 한다. 일반 투자자들이 경제학을 심층 연구할 수준은 아니므로 이 정도의 이해하기 쉬운 여러 가지 지표를 꾸준히 살펴보는 것이 경기를 파악하는 데 큰 도움이 된다.

경기는 순환한다. 경기는 좋을 때가 있으면 반드시 나빠질 때가 있고 경기가 나빠지면 반드시 돌아선다. 경기가 좋은 상태에서 극에 달하면 사람들은 계속 이 경기가 지속될 것처럼 돈을 쓰거나 투자를 공격적으로 하기도 한다. 또 침체기가 닥치면 모두 한 목소리로 이번 경기침체가 얼마나 심각한 것인지에 대해 얘기하며 과하게 소비를 줄이고 허리띠를 졸라맨다. 이 시기가 얼마나 길어질지 알 수 없기 때문일 것이다.

그러면 지금까지 알아본 경기 변동과 주식이나 부동산 등의 자산 시장과는 어떤 관계일까? 미리 알아본 경기의 흐름이 투자할 때에는 어떻게 영향을 주는지에 대해 알아보자. 이것은 유럽의 전설적인 투자가 안드레 코스톨라니가 경기와 주가의 관계를 '강아지와의 산책'으로 설명한다.

경기와 주가를 알려면
강아지와 산책하라

　애견을 데리고 산책을 나가보자. 보통 강아지들은 줄을 풀어주어도 자신이 믿고 좋아하는 주인 곁을 멀리 떠나지 않고 주위를 맴돌며 따라간다. 그런데 같이 산책을 하고 있어도 주인이 걷는 거리와 강아지가 걷는 거리는 차이가 많이 난다. 만약 주인이 1km를 직선으로 걷는다면 강아지는 주인을 앞서거니 뒤서거니 하며 적어도 2~3km는 움직인다. 여기서 주인이 경제 즉, 경기라고 하면 강아지는 주가의 움직임이다. 주가가 경기를 따라다니지만 주가가 경기의 움직임보다 훨씬 더 많이 오르내리는 이유가 바로 인간의 사고방식에 집단심리가 작용하기 때문이다. 이 집단심리란 결국 무리생활을 하는 인간의 기본 생각으로 쏠림 행위인 것이다.

더 재미있는 것은 내가 실제로 산책을 하며 경험한 것이다. 걸어가던 내가 갑자기 뛰기 시작한다면 어떻게 될까? 우리 강아지는 나를 놓칠 세라 빨리 뛰더니 내 앞 20~30m까지 멀찌감치 뛰어가 버렸다. 도저히 내가 따라갈 수 없는 스피드였다. 그러나 이번에는 내가 갑자기 뒤로 뛰어 가는 시늉을 하면 강아지는 어떻게 할까? 이번에도 강아지는 나를 놓칠까 봐 쏜살같이 뛰어 내 앞으로 10~20m까지 가 버린다.

이것만 이해해도 경제와 주가의 관계를 알 수 있다. 경제가 상승적으로 좋아지게 되면 주가는 그보다 몇 배가량 더 오르는 경우가 많다. 그러나 경제가 덜 좋아지면 주가는 그동안 오른 것의 몇 십 퍼센트를 그대로 다 반납하고 만다. 경제가 계속 발전하고 있는데도 말이다.

위의 예는 상당히 원론적인 예라고 볼 수 있다. 그리고 경제의 지표처럼 주식이나 부동산이나 모든 투자에도 지표가 있다. 자, 그럼 대표적 관심 분야인 주식시장의 생생지표를 살펴보자.

촛불은 꺼지기 전에 가장 밝다

　8,90년대 증권회사의 일선 지점에서 근무하는 직원들 사이에는 주식시세에 영향을 미치는 최대 악재가 하나 있었다. 그것은 지점에 아기를 업은 아줌마가 주식 거래 계좌를 열기 위해 객장에 나타나면 시세가 다 왔다는 뜻이라는 것이다. 아기를 키우기에 정신이 없을 젊은 엄마까지 돈을 들고 주식투자에 나섰다면 주식을 살 사람들은 다 샀고 추가로 주식을 사 줄 사람은 없다는 뜻이다. 다시 말해 주가가 오르는 것은 기대하기 어렵다는 뜻이라는 것이다.

　월가의 거부였던 존 F. 케네디 대통령의 아버지는 어느 날 길에서 구두를 닦기 위해 앉아 있었다. 그런데 그 구두닦이 소년이 주식투자에 대한 자신의 지식을 자랑하기 시작하였다. 그는 그것을 보고는 사무실에 돌아와서 가지고 있는 주식을 몽땅 팔았다고 한다. 이후 미국은 1929년의 대공황을 맞았다.

예전에 내가 근무하는 지점 건물의 주차장에는 주차를 대행해 주는 스무 살 남짓의 청년이 있었다. 좋은 성격에 재주가 있어 보이는 이 청년 역시 안타깝게도 시장이 천정권일 때 정확히 들어왔다.

평소에는 "제가 돈이 어딨어요?" 하더니 결국에는 80년대에 있던 3.3배의 신용을 걸 수 있는 (증권회사에서 돈을 빌리는) 할부식 증권저축계좌로 빌려 투자를 뒤늦게 해서 돈을 거의 다 잃고 말았다.

이 모든 현상은 평소에 주식시장에 관심이 제일 없을 것 같은 사람조차 주식투자에 관심을 갖는다는 것은 주식을 더 사줄 사람은 없다 즉, 시장이 과열될 대로 되었다는 확실한 징조로 보는 것이다. 시장은 단기적으로는 수급에 의해 좌우되기 때문에 더 사줄 사람이 없다면 시세는 오르지 않는다.

2007년 중국의 한 증권사 지점에는 스님이 증권계좌를 열고 주식투자를 개시했고, 상하이의 한 환경미화원이 일약 '주식의 귀신'으로 둔갑해서 평생 미화원으로 번 돈보다 많은 돈을 한 해에 주식투자로 벌었다는 얘기가 외신으로 들려오고 있고, 중국 각지에는 '중국의 워렌 버핏'들이 나오고 있다. 이 시그널들은 무슨 뜻일까?

시장의 큰손은 역시 외국인 즉, 글로벌 투자가이다. 이들이 왜 파는지, 앞으로는 어떻게 움직일지를 알고 싶다면 증권사의 IB업무 담당자에게 물어 보는 것도 좋다. "해외 전환사채[CB]나 신주인수권부사채[BW],

주식예탁증서^{DR} 등 해외증권의 인수시장이 좋은가요?"(즉, 이런 해외증권이 잘 팔리나요?) 거래하는 지점 직원을 통해 물어본다면 알 수 있다. 이런 해외물의 발행인수가 원활치 않다면 외국인들이 직접 투자하는 주식시장에서 사실상 순매수하기는 어렵다고 볼 수 있다.

또한 아마추어 투자자인 개인들은 충분히 매도했는가? 이것은 외국인이나 기관투자가들의 비중을 보면 알 수 있을 것이다. 어차피 시장의 참여자는 그 셋밖에 없는데 개인투자자들이 사면서 주가가 오르기 시작하는 예는 극히 드물다고 봐야 한다.

투자에서는 주식을 매수하려는 투자자들의 집단히스테리 증세가 나타나는 모습을 가끔 볼 수가 있다. 오래 전의 모 펀드회사의 펀드 판매에서도 그런 모습이 있었다. 지방 구석구석까지 지점을 내자마자 바로 돈을 싸 들고 신규로 고객들이 밀어닥쳤던 것이다. 그 활황장이 그리웠다고 얘기하는 직원들이 있지만, 예언컨대 미래에 또 그런 일은 일어날 것이다. 최근에 그런 집단 히스테리 사례가 어디서 있었는지 한번 짚어 보자.

증권사 리서치 부서에서 많은 경제 자료를 내지만, 그와 별도의 생생 지표가 따로 있다. 증권사들은 거의 매년 대졸 신입직원을 공채로 모집한다. 하지만 공채 모집을 하지 않는 해가 있는데 그 해를 주식시장의 바닥이라고 보면 된다. 시황분석을 업으로 하는 증권사조차도 그 전망은 어찌 못하는가 보다. 그러다가 어느 해는 일 년에 두 번 직원을 모집하는 해가 있다. 이때 시세가 천정일 가능성이 높다.

주식시장이 폭락하여 깡통계좌를 일괄 정리했던 1990년, 공채로 신입직원을 뽑은 증권사는 거의 없었다. 1998년 IMF 직후에 공채로 신입직원을 모집한 증권사도 거의 없었고, 오히려 그 해 많은 수의 직원을 희망퇴직 형식으로 내보냈다. 그리고 바로 그 이듬해 1999년은 시장이 1년 남짓 기간 동안 400포인트 대에서 1000포인트까지 가는 단기 초강세장이었다. 일 년 후를 예측하지 못한 것이 참 아이러니하지만 그 해에는 서둘러 모자라는 인력을 두세 번에 걸쳐 충원한 회사들이 많았다. 또한 2003년처럼 침체가 깊었던 약세장에 신입직원의 공개 채용은 없었던 것 같고, 2006년까지 연 1회 정도 신입직원을 공개 채용해 왔던 증권사 중 몇몇은 5년째 강세장이었던 2007년에는 어김없이 두 번 이상 공채로 신입직원을 충원했다. 올해 2020년은 채용이 산업 전반에 없다는 것이 어떻게 보면 긍정적 신호일지도 모른다.

예측으로 영업을 하는 증권회사조차 그런 간단한 예상을 못하는가 하고 의문을 품을 수 있다. 그 답을 찾자면 세계적인 경제연구소의 몇 배의 정보와 조사 능력 그리고 과거 데이터를 가진 미국의 초대형 투자은행들도 위기때마다 무더기로 부도가 나 문을 닫고 위기를 겪기도 하는 것을 보면서 인간이 갖는 생각의 한계도 아직은 능력과 별개인 것 같다. 그리고 그 생각의 오류도 아직은 큰 범주를 벗어나지는 못하고 있다.

5장

주식투자 그 유혹과 함정

부동산투자를 잘하면
주식투자도 잘할 수 있다

"대한민국에서는 누가 뭐라 해도 부동산만 한 건 없어."

"일본에서 부동산이 폭락했다고 하고 미국에 서브프라임 사태니 어쩌니 해도 우리나라 사람들의 땅에 대한 애착은 남다르지."

"국토가 다른 나라에 비해 작은데 인구밀도가 높으니 부동산이 안 될 수가 없어요."

주변에서 많이 듣는 얘기이다. 어쩌면 상당 부분 사실일지도 모른다. 비행기를 타고 한반도를 위에서 내려다보면 우리나라는 집을 지을 만한 평지가 참으로 적은 것을 알 수 있다. 안 그래도 작은 땅덩어리에 그마저 거의 산이니 땅에 대한 우리나라 사람들의 집착에 공감하지 않을 수 없다. 그래서 그런지 지금까지 많은 투자가들은 부동산투자로 성공을 했으며 현재도 나쁘지 않은 수익을 거두고 있다. 그럼 주식투자를 해서 성공한 사람들은 주변에 얼마나 있을까?

"제 주변에서 주식투자해서 돈 많이 벌었다는 사람은 시장이 신고치를 칠 때만 가끔 보이고 이 이외에는 거의 손해를 보고 있는 사람 일색입니다. 주식으로 돈을 번 사람들이 조용히 있는 건 지도 모르지만 말이죠."

"주식은 하면 할수록 어려운 것 같아요. 다 정리하고 상가 부동산에 투자해서 월세나 받던지 해야지, 원."

주식시장이 나빠지면 투자 실패로 고통을 겪는 사람이 많다. 그럼 주식이나 펀드에서는 왜 부동산투자에서처럼 그렇게 벌지 못하는 걸까?

하루 종일 시세를 쳐다봐도
돈을 벌 수 없다

주식투자, 펀드투자의 아킬레스건은 시세이다. 그 시세는 매일매일 혹은, 시시각각으로 조회되는 편리한 것이지만 이 시세는 주식, 펀드투자의 편리한 점이면서 동시에 투자를 어렵게 만드는 것이다.

"데이트레이더들은 매매가 잘될 때는 시세가 눈에 보인다고 합니다. 그 경지에 도달하기까지 엄청난 내공을 쌓았겠지요. 그 매초 바뀌는 시세가 데이트레이더들에게는 기회입니다. 또한 그 매초 바뀌는 시세가 단기투자에 별 내공이 없는 저 같은 평범한 인생에게는 위험요소입니다. 하하!"

모 증권사 투자 상담사의 얘기이다.

"이 시세단말기는 투자하는 동안 많은 투자가들의 마음을 끊임없이 흔들어 놓습니다. 어떤 때는 불안하게도 했다가 이내 자신을 주기도 합니다. 그리고 대체로 내 마음을 바쁘고 조급하게 만드는 일종의 중독입니다. 같은 투자 대상이라도 부동산에 비해 주식은 시세 변동성이 엄청 크게 마련입니다. 이런 기회를 노리는 사람들이 데이 트레이더들이겠죠. 그런데 부동산 데이 트레이더 보셨어요?"

"······."

"예를 들어, 내가 조그마한 상가 건물을 하나 샀다고 합시다. 임대가 다 나가 있는 상태면 걱정할 일은 별로 없겠죠. 월세만 꼬박꼬박 들어오면 편안한 마음으로 지내게 됩니다. 시간이 가면 시세가 오를 가능성도 많겠죠. 어느 정도의 자연적인 물가상승도 있고 경제발전도 있으니 평균적으로 시세는 상승해서 자산 가격이 오르게 됩니다. 하지만 만약에 이 상가 건물의 시세가 매일 오전 오후 두 번씩 발표된다면 어떨까요?"

"······."

"건물주로서 그 시세를 안 본다면 거짓말일 겁니다. 그런데 시세가 오르면 좋겠는데 5억 주고 산 건물의 시세가 어느 날 조금 내려서 4억 9천 5백만 원이 되었다면요."

"······."

"시세야 왔다 갔다 하겠지. 거래가가 그 정도는······' 이렇게 생각하겠죠. 조금 더 내려서 4억 8천 5백만 원이 되고 급기야는 4억 7천만 원도 무너져서 4억 6천 5백만 원이 되었다면요?"

"……."

"이거…… 혹시 이 건물 어디 금간 거 아니야? 혹은 '임차인들이 나간다는 얘기가 있나? 요즘 경기가 나빠서 다시 들이기가 쉽지 않은데.' 아니면 '거기 상권이 죽는 거 아니야? 어쩐지 좀 탐탁지 않더라! 아, 그 상가를 잘못 산 거 같아. 기회를 봐서 빠져나가야지. 반등 줄 때 말이야.' 할 가능성이 많습니다."

다행히도 부동산투자에서는 부동산 중개사무소의 유리창에 붙은 시세가 그렇게 자주 업데이트가 되지 않는다. 급매물의 시세도 신문의 부동산 면에 자주 나오지 않는다. 이런 마음의 불안이 없다는 점이 누구든 대충 성공하는 부동산투자의 강점이다. 시세가 자주 나오지 않기 때문에 부동산 시장이 좋을 때에도 주가가 강세일 때만큼 투자자들의 마음을 흔들어 놓지는 못한다. 결과적으로 조금 느리게 투자하고 장기적으로 투자할 수밖에 없기 때문에 충동 매매를 덜하게 되고 그래서 부동산투자에 대한 기억이 좋은 사람이 많다.

"당연히 충동적으로 투자할 확률이 줄어들죠."

주식을 부동산처럼 투자하고 싶다면 어떻게 해야 될까? 시세에 대해 면역이 되어야 하는데 그 방법으로 어떤 것이 있을까. 우선 1년에서 2년 기간의 적립식 펀드로 투자를 권하고 싶다. 그렇게 적립식으로 해서 투자금이 다 불입되면 그때부터 장기로 보면 좋을 것 같다. 어차피 바닥권이라면 시기적으로 1년에서 2년 사이에 걸치게 된다.

그러나 대부분의 투자자에게 적립식으로 투자를 권하면 이렇게 말한다.

"그거 뭐…… 화끈하게 투자하는 맛에 주식이나 펀드를 하는 건데……."

"돈이 얼마 안 되어서……."

"단기로 치고 빠지는 맛에 펀드투자 하는데 적립식으로 답답하게 언제 벌어요?"

"이거 금방 쓸 돈이야."

데이 트레이더가 아니라면 적립식은 모든 투자자에게 부동산처럼 길게 볼 수 있는 여유를 준다. 그럼 어떻게 적립식 투자는 시세에 면역이 될 수 있게 하는지 알아보자. 만약 내가 적립식에 투자를 해서 3~4개월 투자했다고 하자. 그런데 최근에 주식시장이 많이 오른다면 "야! 그동안 투자한 것에서 수익이 나겠구나." 하며 기분이 당연히 좋을 것이다. ("더 많이 투자할 걸. 바보짓 했어." 하는 사람이 없는 것은 아니다.)

그리고 주식시장이 바닥이 없이 자꾸 떨어질 때도 "이번 달부터 투자에 들어가는 것은 더 싸게 살 수 있겠네. 한 번에 다 투자를 하지 않은 것이 천만다행이야. 갈 때까지 가보자고." ("이거 계속 넣는 것이 미친 짓 아니야?" 하는 사람도 많이 있긴 하다.)하면서 자신을 달랠 수가 있다.

적립식 투자의 유리한 점이라면 첫째, 시장의 오르내림에 상관없이 자동적으로 매월 투자가 이루어지기 때문에 오르면 더 따라 사고 싶고, 내리면 무서워서 사지 못하는 투자자의 심리를 억제시킨 투자방식이라는 것이다. 시장의 변동성을 많이 염두에 둔 투자 방식으로 시장이 한때 폭락을 해도 어느 정도 완충이 되므로 평정심을 유지할 수가 있는 것이다.

편안한 마음뿐 아니라 매월 투자가 새로 들어가므로 전체적으로 매입한 평균 단가가 매월 바뀌어서 본전에 대한 개념이 모호해진다는 점은 두 번째 이점이다. 이렇게 본전에 대한 개념이 없어지니 손익을 자주 계산해 보지 않는다는 것인데 자주 계산을 해보는 것은 장기투자와는 맞지가 않는다. 장기투자는 꼭 앞으로 올 대세 상승기의 강세장을 목표로 하는 것이지만 단기적으로는 시장이 나쁠 때에도 견딜 수 있고 반대로 시장이 폭등할 때에도 부화뇌동하지 않는 것이다. 그래서 적립식 투자자들에게 자신이 투자한 펀드의 계좌 내역을 얼마나 자주 보느냐고 물어보면 대부분 한 달에 한 번도 보지 않는다고 대답한다. 그 중에는 투자한 펀드의 이름도 기억하지 못하는 사람들도 있다.

그러나 목돈을 가진 대부분의 투자자들은 투자할 생각을 하게 될 때 매월 조금씩 나누어 투자하는 것을 감질나서 견딜 수 없어 한다. 한 번에 다 투자를 해야 마음이 놓이는 투자가들이 많다.

"얼마되지 않는 것 가지고 뭘 쪼개 넣어?"

인내하는 것이 곧 투자다.

마지막으로 적립식 투자의 장점은 투자의 금액이 그리 크지 않다는 점이다. 매월 불입하면서 돈을 빌려 넣는 사람도 없을 것이며 자신이 감당할 규모 이상으로 터무니없이 큰 금액을 매월 넣는 사람도 없다. 금액이 자신이 관리할 수 있는 수준인 것이다. 혹시 시장이 어려워져도 크게 부담을 갖지 않게 된다. 평정심을 유지하는 투자이다. 내리면 따라 팔아야 될 것 같고, 오르면 더 사야 될 것 같은 생각만 막아도 일단 투자는 성공에 한 발 다가선 것이다. 요즘처럼 시장이 장기 하락을 할 때에 더 싸게 사겠다거나 아니면 계속 떨어질까 무서워서 적립식의 납입을 중지하는 투자자들이 많이 있는데, 이는 결국 오르면 따라 사고 싶고, 내리면 못 사는 전형이 되는 것이다. 역발상이 필요하다.

주식투자, 그 유동성의 함정

한 부동산 투자 설명회에서 나온 얘기를 들어 보자.

"부동산투자로 성공을 해보신 분들, 아니면 성공한 주변의 친지들에게 부동산투자로 어떻게 돈을 벌었는지 물어보세요. 대부분 장기투자를 했다고 할 겁니다. 왜 장기투자했을까요? 맞습니다! 부동산은 매매가 일단 원활치 않습니다. 한번 사기도 힘들고 팔기도 힘들죠. 사람들은 부동산에 한번 투자하려면 평균 5.5명 이상의 부동산 전문가로부터 조언을 듣고, 평균 2.3명의 주변의 재야 전문가 지인과 상담을 한 후, 평균 3.7일 동안 배우자나 가족과 회의 끝에 투자를 결정합니다. 이 투자 절차는 아주 잘 되어 있어요. 결정하고 난 뒤에도 매도자를 찾는 시간이 필요하고요. 매도자가 나선 이후에도 협상을 하는 긴 과정이 기다리고 있죠. 잔금까지 치르려면 그 절차는 석 달 열흘은 족히 걸릴 수도 있습니다. 그 이상의 시간을 쓰고도 사지 못하는 경우가 비일비재하지요. 나중에 파는 것도 이와 똑같습니다. 그러니 한번 투자를 해도 신중하구요. 내가 무엇을 사는지 잘 안다고나 할까요?"

주식이나 펀드는 부동산과 달리 금방 투자하고 금방 현금화할 수 있다는 편리한 점이 좋다. 하지만 이 편리한 점이 대부분의 투자자들에게 문제가 된다. 펀드는 원하면 이틀에서 길게는 삼사일 내로 현금을 찾을 수 있다. 또 주식은 그날 팔고 그날 그 금액만큼 되살 수도 있고, 원하면 증권사에서 별 절차 없이 돈을 당일에 빌려서 투자할 수도 있다. 이렇게 쉽게 투자가 되고 쉽게 현금화할 수 있는 것이 투자자들에게는 가장 큰 유혹이고 위험이 된다.

계좌개설 용지에 기입을 하고 단말기에 숫자 몇 개를 쳐서 넣으면 금방 투자가 시작되는 것, 또 투자했다가 안 될 거 같으면 즉시 팔면 된다는 생각, 이런 부분이 주식이나 펀드투자를 준비 없이 쉽게 하기 때문에 투자의 성과를 내기 어렵게 한다. 결국 쉽게 살 수가 있고 쉽게 빠져나올 수 있다는 생각이 자기가 투자하는 주식이나 펀드를 자신이 잘 모르고 투자하게 만든다.

"봐서 아니다 싶으면 바로 빼면 되지 뭐."

별로 연구를 하지 않고 투자를 했다는 말이다. 잘 모른다는 뜻은 앞의 시세의 유혹에서도 나왔지만 주식이 오르면 더 사고 싶고 내리면 따라 팔고 싶어 지는 심리를 갖게 한다. 그러니 투자자는 더 충동적으로 되어 쉽게 사고, 쉽게 파는 것이다.

부동산을 하나 사기 위해 파는 발품과 밤낮을 고민을 하며 전문가에게 조언을 구하는 노력의 십 분의 일만큼 주식투자를 위해 노력과 시간을 들이면 성공하지 않을까?

"나도 노력은 무지하게 한다고요."라는 투자자들의 대부분은 하루 종일 시세를 보는 일이다. 시세단말기를 오래 본다고 돈이 벌리면 돈 번 사람들은 참 많았을 것이다. 시세는 사람의 마음을 흔들어 놓기 때문에 투자에는 사실상 도움이 되지 않고, 이것을 너무 많이 보면 숲을 못 보게 된다. 또 그것은 현재의 시세인 것처럼 보이지만 현재의 시세도 사실은 어제 신문과 같은 과거의 기록인 것이다. 증시 격언에 "하루 종일 시세를 쳐다보고 있어도 돈을 벌 수 없다."라는 말이 곧 이 뜻이다.

대부분의 투자자들은 주식을 투자할 때 부동산만큼 많이 알아보고 연구하지는 않는 것 같다. 따라서 그만큼 알아보지 않고 영업 직원의 짧은 설명에 의존하거나 지인의 달콤한 추천정도로 투자하다보니 주식이나 펀드는 이해하기 더 어려울 수 밖에 없다. 그런 상태로 투자를 하게 되면 '오르면 따라서 더 사고 싶고 내리면 언제든지 던질 준비가 되는 그런 투자'가 되기 싶다.

투자자들은 즉흥적인 주식투자의 과정을 길게 늘려야 한다. 주식을 사기 위해 해당 상장사에 대한 연구를 하기 위해 얼마나 발품을 팔았을까? 투자 세미나나 설명회 같은 것을 몇 번이나 다녔고 시장이 그저 그럴 때에도 얼마나 많은 관심을 쏟았을까 하는 것을 끊임없이 자문해보는 것도 좋다.

"안되면 바로 팔지 뭐!?"

이 생각만 거두면 부동산투자처럼 주식도 성공할 수 있다.

부동산투자에 비해 또 다른 어려운 점은 주식이나 펀드는 투자 대상이 눈에 보이지 않는다는 점이다. 부동산은 우리가 직접 가서 살펴보고 알아보고 하면서 상식적인 선에서도 어느 정도 판단이 된다. 주위의 분들 특히, 나이 드신 어른들 중에 투자에 성공을 해서 조언을 주실 분도 많이 있다. 물론 부동산투자도 그 나름대로 상당한 노하우가 필요하겠지만, 일단 대상이 눈에 보인다는 점이 주식이나 펀드투자에 비해 일반인들이 접근하기 쉽다.

"주식은 어려워."라는 얘기는 많이 들어 봤지만 "부동산은 어려워." 하는 얘기는 못 들어 본 것도 같은 이치다. 주식이나 펀드투자를 하기 위해서는 기업이나 경제에 대해 알아보고 상담을 받고 경제 신문을 열심히 읽고 하는 것이 일반인들에게는 쉽지 않다. 이런 점에서 조금 더 많이 연구하는 사람들에게는 기회가 되지 않을까? 아직 우리나라에는 부동산으로 성공한 투자가가 많지만 주식으로 성공한 전문가는 그리 많지 않다. 이것이 기회일 수 있다.

뭉치면 죽고 흩어지면 산다

투자를 할 때 한 가지 주식, 혹은 한 가지 펀드, 한 건의 부동산만 투자하는 것은 여러 개의 투자 건에 투자하는 것보다 고수익을 낼 가능성도 있지만 위험 부담도 같이 높다. 사실 여러 건의 부동산에 투자할 정도의 재산이 있는 투자자는 많지 않다.

오랜만에 선배의 사무실에 찾아갔다. 펀드투자를 하여 요즘 재미를 한참 보고 있었다.

"이게 내가 투자하는 펀드인데…… 한 번 봐줘. 어떤가?"

그 계좌에는 투자 상품이라고는 달랑 한 개의 펀드에만 투자되고 있었다.

"형님, 이거 금액이 상당한데요? 근데 이거 한 개뿐이에요?"

"왜? 먹을 때 화끈하게 먹는 거지."(증권투자에서 돈을 버는 것을 '먹는

다라는 표현을 투자자들은 쓴다. 이런 용어는 상대방의 나이와 상관없이 사용한다.)

"벌기는 많이 버셨네요? 그런데 너무 '모 아니면 도' 아네요?"

"이렇게 해야 수익이 나지. 여러 개로 나누어 투자를 하니까 신경만 쓰이고 정신만 없어. 물에 술탄 듯. 술에 물 탄 듯해서 못 쓰겠더라고."

"……."

"맥주에 물 타면 쓰겠어? 맛도 없고. 맥주에는 소주를 타야 확실하지."

글쎄, 조금 타서 마시면 빨리 기분이 좋아지기는 하겠는데 과하면 다음날 꽤 괴롭습니다.

아래 그림10-1처럼 양궁을 한다고 하자. 과녁의 오른쪽 위에 검은 원에 투자가 집중되어 있다. 전체 원의 크기 대비 검은 원의 넓이가 20퍼센트라고 하고 그 부분에 화살이 맞으면 투자가 위험하다고 하자. 이때 실력 있는 궁사가 의도적으로 그 검은 원을 맞추려고 한다면 그 확률은 꽤 높다. 하지만 그림10-2처럼 같은 넓이의 투자지만 골고루 퍼져 있다면 궁사는 의도적으로 화살을 쏘기 어렵기 때문에 당연히 화살에 맞을 확률은 그대로 20퍼센트이다.

실제의 투자에서는 실력 있는 궁사가 나 만을 위험하게 하기 위해 화살을 쏘지는 않는다. 하지만 이렇게 분산을 한다면 투자의 위험도 분산된다는 것을 꼭 기억해야 한다.

그러면 실제 투자할 때에 그 위험은 어떻게 피할 수 있을까?

"안전한 것으로 (위험하지 않은 것으로) 좋은 종목 추천 부탁합니다."

상담할 때 흔히 듣는 얘기이다.

수익과 위험은 동전의 양면

위험과 수익은 동전의 앞뒤이다. 그러니 위험과 수익은 한 몸이다. 위험이 없는 투자는 수익을 기대할 수 없고 수익이 높은 것은 곧 위험한 것이라고 보면 된다. 우리 주변에서 보는 무위험 투자는 은행 예금이나 국공채 투자 정도이다. 그리고 그 수익은 불과 몇 퍼센트 선의 예금 이자인데 그 몇 퍼센트의 이자에 만족하는 사람도 많고 그 정도의 이자에는 절대 만족을 못하는 사람 등 다양한 기대치의 투자자가 있다.

우선 투자를 한다는 것은 돈을 불리는 것이 목적이다.

그러면 1억 원의 돈을 두 배 즉, 2억 원으로 만들기 위해서 1년에 몇 퍼센트의 수익률을 내야 할까? 답은 누구나 아는 100퍼센트이다.

그럼 2년 만에 두 배로 만들려면 매년 몇 퍼센트의 수익을 내야 할까? 답은 매년 42퍼센트의 수익률을 내야 한다.

3년 만에 두 배로 만들려면? 답은 매년 26퍼센트이고, 4년 만에 두 배로 만들려면 매년 19퍼센트, 5년 만에는 매년 15퍼센트이다.

5년 만에 두 배로 만들기 위해서는 올해부터 내년, 내후년, 그 다음해, 그 다음해를 매년 평균적으로 15퍼센트의 수익을 내면 내 돈은 지금의 1억 원에서 2억 원이 된다.

그러면 은행의 정기예금의 이자가 1년에 2.35퍼센트라고 할 때 이자에 대한 세금을 제하면 대략 2퍼센트의 이자를 받게 되는데, 이 이자를 매년 받는 것을 몇 년 동안 하면 내 돈은 두 배가 될까? 답은 대략 35년으로 이는 아주 긴 세월이다. 이것에 만족을 하면 정기예금으로 계속 두는 것이고 만족을 못하겠으면 위험이 있는 투자 상품을 택해야만 한다. 고객은 그 이자에 만족을 하더라도 그동안의 물가상승률도 생각을 해 보긴 해야 한다. 요즘은 물가가 많이 오르지 않으니 상황이 다르긴 하다.

어느 날 한 여성 고객이 지점을 찾아와서 출금 신청을 했다.

"어디 좋은 데 쓰시려고요?"

"아, 내가 이 차장한테만 얘기해 줄게. 내가 아는 사람이 어디다 돈을 맡겼는데 월에 2부 이자로 불려 준대요. 확실하대. 그래서 나도 거기 맡기려고. 내가 잘 되면 이 차장한테도 소개시켜 줄게."

글쎄 이것이 말로만 듣던 사채인지 뭔 지는 몰라도 이렇게 무담보로 돌리는 돈의 이자는 정상적인 이자라고 할 수 없다. 담보가 확보도 안 되고 쉽게 원금을 떼이기도 할 것이다. 높은 이자가 위험부담금인 것이다. 원금이 위험하지 않은 상태에서 확실히 이자를 준다면 그 이자율은 예금성 이자율의 범위를 벗어나지 않는다는 것, 아니 벗어날 수 없다는 것을 명심하기 바란다. 문제는 이런 유혹과 그에 대한 믿음이 생긴 고객은 정말 이 유혹을 뿌리치지 못하고 여기에 걸려든다는 데에 있다. 절대로 원금을 보장하며 은행 이자보다 높은 고수익을 보장하는 투자 내지는 돈을 불리는 수단은 없다. 거기에는 그만한 리스크가 따른다.

"위험하지 않은 걸로 말씀이시죠? 알겠습니다. 저축형 상품인 CMA나 정기예금으로 하시죠."

위험이 없다면 그것은 곧 은행 이자를 의미하는 것이기 때문이다. 그러므로 수익을 은행 이자보다 더 내기 위해서는 이 위험은 무조건 피하면 안 되고 여러 곳에 분산 관리하느냐가 관건인 것이다. 이 위험을 알고 덜 위험하게 분산해야 될 책임은 자신에게 있다.

증권사 객장에서 소개받은 고객이 찾아왔다.

"주식을 잘 본다고 얘기 듣고 왔는데…… 좋은 주식으로 안전하고 많이 올라갈 것으로 추천해 봐요."

사실 누구라도 이렇게 얘기하고 싶을 것이다. 오래 증권사를 다니다가 은퇴한 대선배님 한 분도 영업 직원을 소개시켜 주니까 만나서 이런 얘기를 하였다고 한다. 위험하지 않고 수익 많이 내는 것은 우리 모두의 바람이다. 그런데 그런 것은 이론적으로 존재하지 않는다고 학자들은 얘기한다. 그렇기 때문에 만약 내가 투자를 해서 큰 수익을 냈다면 그것은 큰 위험을 거쳐 온 것으로 생각하면 된다.

아는 사람이 IPO에 투자하는 펀드에서 큰 수익을 냈다. 그에 대한 축하의 인사는 "이번에 수익을 많이 내셨다고요? 아이고, 큰일 날 뻔하셨네요."가 맞다.

그럼에도 불구하고 안전하게 많이 벌려고 한다면 어떻게 할까? 사실 그런 방법은 없다. 다시 한번 강조하자면 위험과 수익은 동전의 양면처럼 같이 다닌다.

"지난번에 징글전자 주식 샀다가 30퍼센트 손해 봤어."라는 얘기는 다른 말로 리스크를 걸었고 운이 안 좋게 수익이 마이너스가 났다는 뜻이다. 항상 업사이드가 있으면 다운사이드가 있는 것이 이 숫자의 세계이다.

"내가 주식에 100퍼센트 투자하고 있는데 주식시장이 횡보를 하면서 수익이 안 나면 내가 위험을 안 걸고 있는 건가요?"라고 물어보는 분이 있다.

이 관점은 매우 단기적인 관점이어서 횡보하는 것이지 역사적으로 주식시장이 얼마나 변동성이 있는지를 살펴보면 알 것이다. 장기적으로도 주식시장이 그렇게 횡보한 예가 없으니 오르지 않으면 내렸을 것이다. 그래도 장기적으로 주식시장은 어느 나라를 막론하고 결국 그 래프가 우상향으로 가는 경향이 있다. 반드시 그렇지는 않지만 말이 다. 그러니 내가 장기간에 걸쳐 투자로 돈을 벌지 못했다면 위험성 자산에 돈을 투자하지 않았다는 증거이다. 그리고 주변에 내가 아는 누가 돈을 많이 벌었다면 그 사람은 필시 리스크를 걸었다는 증거이다.

"아는 동문 누가 어느 지역 부동산 개발 정보를 남보다 먼저 입수해서 떼돈을……."

믿거나 말거나 이런 얘기를 우리는 듣곤 한다. 하지만 그런 개발 계획 정보가 설령 있었다 하더라도 그것이 잘못된 정보로 판명이 나거나 아니면 개발 계획이 도중에 바뀌어 버리면 어떻게 될까? 그 돈은 엉뚱한 지역에 얼토당토 않은 가격으로 물려 있는 수밖에 없다. 매매도 안 된다. 이렇게 잘못된 정보로 돈이 묶인 사람도 수없이 많이 있지만 말은 안 한다.

"아니래요. 확실한 고위층, 아니 고급 정보를 가지고 있대요."

이것은 사실 확인이 되지 않는다. 이 사람도 결국 리스크를 떠안고 투자를 한 것이다. 다만 제삼자가 볼 때에는 이런 투자에는 성공담 즉, 불꽃놀이만 눈에 띄게 된다.

"아니, 그 사람은 돈을 쉽게 번 거 같은데…… 사실 본인은 별로 한 게 없어요." 혹시 부모에게서 많은 재산을 상속을 받았든지 돈 많은 배우자를 만나지 않았다면 투자만으로 돈을 버는 데의 위험은 항상 있다. 그 사람은 리스크를 걸었고 그 리스크를 알고 잘 관리했거나 아니면 운이 좋았다는 증거이다.

'모 아니면 도'식 몰빵 투자

　어렸을 때 옆집 친구 정민이 하고 홀짝놀이를 한다. 나는 구슬이 두 개밖에 없었고 정민은 엄청 많이 가지고 있다. 내가 먼저 접는다. 나에게 전체 구슬이 두 개뿐임을 아는 정민은 본인 구슬 두 개를 걸며 "홀!" 했다. 다행이 짝이어서 나는 네 개의 구슬을 갖게 되었다. 다음 또 내가 접었다. 이번에도 홀을 하며 정민은 네 개를 걸었다. 또 짝이 나왔고 내 구슬은 이제 여덟 개가 되었다. 그 다음에 정민이는 짝을 하며 여덟 개를 걸었지만 다행이 내가 홀을 접어 내 구슬은 열 여섯 개가 되었다.

　이렇게 정민이는 내가 가지고 있는 구슬 개수대로 베팅을 해 왔고 결국 50퍼센트의 확률인 홀짝에서 처음엔 운이 좋았었지만 그후 나는 단 한 번의 베팅에 구슬을 다 잃고 말았다. 홀짝에서 베팅을 해 온 것은 내 친구였지만 투자를 할 때는 이 베팅을 내가 의지대로 조절할 수 있다. 이렇게 매번 한 방을 노린다면 그 위험이 극에 달하는 것은 말할 필요가 없다. '벌면 두 배, 잃으면 전 재산'식의 투자는 소규모 자산을 가진 투자자들이 더 유혹받는다고 한다. 이런 정도의 몰빵 투자는 곧 투기라고 볼 수 있다.

"내가 돈이 얼마 안 되서 '모 아니면 도'로 해야 빨리 벌지."

이런 투자로 시작을 하면 공격적인 투자 성향이 몸에 배어서 나중에 돈을 모은 후에 또 문제를 만들 수 있다. 소액일수록 목돈을 만들기 위해 천천히 돌아가는 투자를 권하고 싶다.

투자자들은 투자가 가장 확실해 보일 때 혹은, 가장 돈 벌기 쉬워 보일 때 돈을 빌려서 투자를 하게 된다. 빌린 투자는 전 재산을 거는 위의 홀짝보다 위험도 면에서 더 올라간 것이다. 홀짝에서는 쥐고 있는 구슬만 손해를 보게 되지만 빌려서 투자를 하는 것은 잘못되면 내 재산이 마이너스로 갈 수도 있다는 뜻이다. 돈을 빌려서 투자를 하는 것은 확률적으로도 더 위험할 뿐 아니라 돈을 빌려서까지 투자하고 싶은 유혹이 많은 시기는 역사적으로 더 위험했다.

6장 _____

사업에 성공하는 사람이
투자에도 성공한다

사업에 성공하는 사람이
투자에도 성공한다

투자는 당연히 실패할 수가 있다. 더 많은 지식 · 정보 · 경험 · 판단 · 운이 따라준다면 실패를 안 할 수도 있지만, 한때 투자에 실패를 했다 하더라도 성공학 강의처럼 끝끝내 투자해서 성공시키면 되는 것이다. 그래서 끝까지 포기하지 말고 성공을 위해 거쳐야 할 과정 즉, 배우기 위해 거쳐야 할 과정으로 승화시켜야 한다.

잘되면 내 탓, 잘못되면 남 탓

"나는 투자에 대해서 잘 몰라요. 전문가에게 물어보면 되지요. 내가 그거를 어떻게 다 알겠어요."

이 사람이 소액의 투자가라면 그런대로 괜찮다. 하지만 투자의 성공을 원하고 계속적인 투자활동을 하려면 절대로 남의 말만 따라 하거나 의존적이어서는 계속적인 투자에 성공하기는 어렵다. 매번 완벽하게 시황을 전망해 줄 사람은 없기 때문이다.

2007년 8월 러시아 주식시장이 극에 달할 무렵 러시아펀드에 이미 투자한 고객이 찾아왔다.

"미국에서 서브프라임이다 해서 경제가 안 좋다는데, 자원이 많은 러시아는 상관없죠? 그냥 있을까요, 아니면 환매해야 될까 봐요."

그해 여름에 이 답을 제대로 할 수 있는 금융사 직원은 거의 없었다. 되는 대로 답을 할 수는 있었겠지만 자고 나면 오르는 게 러시아 주식시장인데 "거의 다 왔으니 환매하세요."라고는 어떤 전문가라고 해도 선뜻 얘기하기는 불가능하다. 따라서 누군가가 자신을 도와줄 수는 있지만 어디까지나 판단은 자신이 해야 한다. 내가 찾은 정보로 내가 판단해서 내가 투자하고 그 후에도 내가 계속 정보를 구하고 분석해서, 나의 투자를 성공적으로 만들어야 한다. 이 모든 절차에는 당연히 내가 그 위에 있어야 한다. 운 좋게 다른 사람이 하는 투자 정보로 돈을 벌었다면 운이 한 번 좋았던 것이고 그 다음에는 어떻게 할지는 생각해 봐야 한다. 투자는 내가 성공시켜야 한다.

모든 일에는 다 그 일이 일어난 이유가 있는데 이를 엉뚱한 데로 돌리는 잘못된 생각을 귀인 편견^{attribution bias} 혹은 이기적 편견^{self-serving bias} 이라고 한다. 이는 대부분의 사람들이 갖기 쉬운 편향된 생각인데 정작 본인은 그것을 느끼지 못하는 수가 많다. 이 귀인 편견에는 무엇보다도 양면성이 있는 것이 특징이다. 사람들은 어떤 일이 잘되면 내가 잘해서 그렇게 됐다고 믿고, 잘 안 되면 다른 사람이 잘못해서 그렇게 됐다고 믿는다. 아니 믿고 싶어서 그렇게 얘기하는 것일지도 모른다. 쉽게 말해 '잘되면 내 탓, 잘못되면 조상 탓'인 것이다.

이런 잘못된 사고 때문에 사람들은 투자를 하다가 실패를 하면 누구나 그것이 자신의 잘못된 판단 때문이 아니고 누군가 다른 사람의 잘못된 조언 때문이었다고 생각한다. 하필이면 그때 돈을 만들어 내게 빌려준 그 사람 때문이라고도 생각한다. 또, 시장을 이렇게까지 망쳐 버린 경제 관료의 탓이라고도 얘기한다. 어떤 사람들은 그것을 명백히 믿는 사람도 있다. 이것은 사실일 수도 있다. 하지만 이것이 맞고 그르고를 떠나 이런 사고를 갖는다는 것은 매번 투자할 때마다 어느 정도는 남에게 의존적으로 된다는 얘기이기도 하다.

J은행의 정PB는 자신이 강력 추천한 펀드로 수익을 많이 남긴 한 고객에게 전화 통화를 한 후 허탈한 마음으로 뭐가 잘못되었는지를 곰곰이 생각하고 있었다. 통화한 내용은 대략 다음과 같다.

"안녕하세요. 고객님, 그 펀드 있죠. 그 펀드가 그동안 무지 많이 올랐거든요. 알고 계시죠? 조금 더 괜찮을 거 같긴 한데요. 그런데 시장이 너무 과열되는 양상을 보이고 있거든요. 조금 부담이 돼서요. 제 생각엔 한 30퍼센트 정도 부분적으로 환매해서 덜어 놓았다가 다음 상황을 봐서 또 투자하시면 어떻겠어요?"

"아, 그거요? 나도 알고 있어요. 그거 그냥 두세요. 내가 다른 데서 얘기 듣는 것도 있고 하니까, 내가 알아서 할 게요." 뚝.

고객은 좋은 펀드를 족집게처럼 찾아낸 정PB의 실력을 인정하지 않는 것 같다. 그 펀드는 몇 개의 추천 펀드 중에서 정PB가 주력으로 고객들에게 권유한 상품이었다.

그러나 투자에서 손실이 많이 난 상황에서의 투자자들의 반응은 이와 상반된다. B증권사의 허 지점장은 자신이 추천한 투자 상품이 수익이 자꾸 안 좋아져서 여러 날을 고민하고 연구하던 중 마침내 고객 한 분에게 용기를 내어 전화를 하기로 했다.

"고객님, 제가 말씀드렸던 상황 중 제일 안 좋은 시나리오대로 가고 있는 것 같아요. 여러 지표들도 생각보다 안 좋게 나오고 있고요. 해외의 악재가 의외로 자꾸 나오네요. 여기서 그치면 좋은데 앞으로도 안 좋은 얘기는 계속 나올 것 같은데요."

"음, 나도 뉴스를 봐서 알고는 있는데……."

"그래서 말인데요. 조금 줄여 두었다가 상황이 나아지는 거 봐가면서 다시 투자를 늘려 보시면 어떨까 싶은 데요."

"그렇게라도 해야겠는데…… 그나저나 지금 평가금액이 얼마나 되죠? 손실이 얼마나 되요?"

"예, 저…… 꽤 손실이 됩니다. 시장이 거의 25퍼센트 정도 빠졌으니까요."

"네? 25퍼센트요? 그럼…… 단기적으로 손실이 너무 심하잖아요. 아니 그동안 뭐한 거예요? 이거 어떻게 할 거예요. 예? 고객관리를 제대로 해야지. 에이! (침묵) 어떻게 할지 생각해두세요. 내일 내가 나갈 테니." 뚝.

과거 다섯 건의 투자에서 연속적으로 큰 이익을 본 투자자도 지금 당장 한 건의 투자가 손실을 보이고 전망이 별로 안 좋아 보일 때에는 이로 인해 큰 스트레스를 받는다. 하기야 이익을 보려고 투자를 하지 손해를 보려고 하는 사람은 없을 것이다.

여기 사례에서 보듯 잘된 투자에서는 이 투자를 추천한 사람의 노력과 성과를 그만큼 높이 평가하지 않는 경향이 있다. 그러면서 "역시 내가 판단을 잘했어. 정PB가 얘기한 여러 상품 중에 내가 선택을 잘했구먼."하거나, 기껏해야 "시장이 좋을 줄 내가 알았다니까."하며 성공의 요인을 자기 자신의 실력으로 돌린다.

그러나 손해를 본 경우는 그 원인을 자기 자신이 아닌 다른 데로 돌린다. 즉, 영업 직원이나 추천한 친구 아니면 정치인들, 경제 관료들이 대상이 되곤 한다. 그 직원이 추천을 해서 투자를 했고 그래서 손해를 봤으니 당연하지만 투자 결과가 좋을 때와 안 좋을 때 반응이 완전히 다르게 나오는 이유가 모두 "잘되면 내 탓, 잘못되면 남의 탓"처럼 귀인 편견이 되는 것이다.

이 편견의 시작은 '모든 일어난 일에는 다 이유가 있다'라고 믿는 것이다. 비가 오면 왜 비가 오게 되었는지, 날씨가 갑자기 맑아지면 왜 맑아졌는지에 대해 무언가가 원인을 제공했다고 믿는 것이다. 피해자가 있으면 꼭 가해자가 있어야 되는 어느 나라의 법과도 비슷하다. 이는 사실일 수도 있지만 대개의 경우 그 원인을 한두 개로 꼭 집어 낼 수 없는 경우가 허다하다. 그렇다고 해도 사람들의 마음에는 이것을 꼭 집어내 편한 대로 분류하고 싶어 하는 심리가 있다. 문제는 여기서부터인데, 그 원인을 잘 분류하면 좋겠지만 사람들은 자아를 발동시켜 자신에게 유리한 방향으로 원인을 찾게 된다. 자신에게 유리한 방향이란 곧 '공은 나에게 책임은 남에게'이다. 이것은 자신도 모르게 이루어지므로 자신은 꽤 객관적이라고 생각한다.

따라서 투자가 잘되면 "아, 역시, 나는 투자의 귀재야." 아니면 "나는 항상 운이 좋아." "내가 하면 다 잘 된다니까." 등등으로 자신의 현명한 판단력 덕분이라고 생각하고 만약, 투자가 잘못되거나 하면 "아니, 허 지점장은 도대체 뭐하는 친구야. 어디 거래처를 다른 데로 바꾸던지 해야지, 원." "매번 손해를 입히고 이게 뭐야?" 하는 것이다.

물론 허 지점장의 잘못된 추천이 그 주요 원인일 가능성도 있지만 그것을 최종적으로 판단한 자신의 결정에 대해선 "아니 내가 투자에 대해 뭘 알겠어? 금융기관 다니는 전문가의 의견을 믿고 따라야지. 그래서 이렇게 된 거 아니야. 지금."라고 한다면 자신의 투자를 항상 의존적으로 가지고 가게 된다.

내가 판단하고 내가 책임진다

정말 투자에서 성공하려고 한다면 마음가짐을 이와는 달리 해야한다. 투자는 사업을 하는 것과 같다. 사업이나 장사와 투자 활동은 기본적으로 같다. 즉, 뭐든 싸게 사서 비싸게 파는 것이다. 사업을 다른 사람의 의견을 듣고 그대로 하는 바보는 없을 것이다. 다만 주위의 경험자들의 의견이나 경험담을 많이 듣는 것은 매우 중요하지만 그것을 그대로 믿고 사업을 하면 실패할 가능성이 매우 높다.

따라서 이 귀인 편견적인 생각은 모든 일을 자기 자신이 주도적으로 하지 않고 어딘 가에 의존적인 생각을 하는데 문제가 있으며, 이는 장기적으로 그 사람의 투자나 사업의 어려움을 겪게 만드는 원인이 된다. 자신이 주도적으로 하지 않는 활동에서 스스로 성공할 수는 없는 것이다. 따라서 투자나 사업도 결국은 "내가 판단하고 내가 책임을 진다."라는 생각이 있는 사람만이 성과를 장기적으로 볼 수 있다. "알아서 해주세요." 해서는 투자에 결코 성공하지 못한다.

투자는 결국 투자자 자신이 하는 것이고 그런 생각을 바탕에 갖는다면 장기적 관점에서 투자는 성공할 것이다. 자신이 많이 알아야 되고 그만큼 자료라든지 의견이라든지 많은 것을 요구하고, 마침내 판단을 하고 그 이후의 상황에 대해서도 본인의 판단과 주위의 지원으로 헤쳐 나갈 수가 있는 것이다. 세계적으로 투자에 성공한 저명한 투자가들은 모든 것을 자신의 운 내지는 탓으로 돌린다. 이것은 비단 투자뿐 아니라 인생을 걸고 사업을 하는 중소 사업가나 대기업을 경영하는 경영자들에게도 매우 중요한 성공 요인이다.

모든 것에는 다 한때가 있다

모든 것은 바뀌게 마련이고 그 패러다임 또한 바뀐다. 주식시장을 보자. 70년대 건설주, 80년대 증권주, 90년대 IT주 등 시대에 따라 성장 산업과 지역이 따로 있다. 글로벌 투자가에게도 시대에 따라 고성장 국가가 따로 있다. 1970~1980년대의 일본, 1980~1990년대의 한국·대만·홍콩·싱가포르 등의 신흥국가, 2000년대에는 브릭스 국가. 이렇게 고성장기에 있는 국가가 강세장에서는 항상 주목받기 마련인데 투자의 큰 수익은 당연히 성장기에 있는 국가의 수익률이 높게 마련이고, 또 같은 이유로 위험도 높다. 이들 국가는 일인당 GNP가 1,000달러에서 10,000달러까지 성장하는 단계로 이때 고성장기이기도 하다.

그러면 다음에 오를 것은 뭘까? 어디서 힌트를 얻나? 신문과 발로 뛰며 얻는 정보에 의존하는 수밖에 없다. 많은 전문가들은 다음의 유

망한 투자 대상으로 5G관련주나 전기자동차와 관련된 사업에서 찾지만 아직은 윤곽이 뚜렷하지 않다.

어떤 투자 대상에서 큰 수익을 본 투자가는 그 대상에 좋은 이미지를 갖고 있다가 나중에 또 기회를 보게 되나, 전과 같은 리스크와 기대치를 갖는다면 다음번에는 거기에 투자하지 않는 게 좋다. 큰 시세를 준 다음에는 또 그 대상이 주도적으로 오르는 예는 드물다.

기존의 관념을 깨지 못하면 새로운 투자 기회는 잘 보이지 않는다. 투자의 세계는 크게 보면 주식과 부동산 정도가 있다. 그 외에도 실물 자산이 있을 수 있지만 앞으로는 어떤 실물에 투자를 하게 될지는 아무도 모른다. 절대로 그 선을 미리 긋는 것은 한계를 만드는 것이다.

돈은 새로운 곳에서 샘솟는다

우리가 매일 타는 지하철의 선로 폭은 4피트 8.5인치라고 한다. 그것은 미국 철도의 선로 폭이 4피트 8.5인치이기 때문이라고 한다. 그 기준대로 맞췄던 것이다.

"왜 하필이면 그 폭으로 만들었나요?"

라고 물어본다면 미국의 철도 기술자는 이렇게 답할 것이다.

"아, 그 철도는요. 예전에 영국에서 온 기술자들이 만들었어요."

그래서 영국으로 찾아갔다.

"기술자 아저씨, 왜 선로 폭을 4피트 8.5인치로 했나요?"

"아, 그거는 원래부터 그렇게 했었는데…… 아, 예전에 쓰던 마차의 바퀴 폭이 그랬대요. 그래서 그 마차를 그대로 기차 객차로 쓰다 보니 그랬대요."

"그럼, 왜 마차는 그 폭으로 했나요?"

그 이유는 2000년 전에 영국 지역을 점령한 로마의 마차들이 지나가면서 영국의 도로에 만들어 놓은 자국이 그 폭이었다고 한다. 그래서 그보다 크거나 좁으면 바퀴의 마모가 많아 오래 쓰지 못하기 때문이었단다. 그러니 다른 폭으로 만들 이유가 없었다.

그럼 로마의 마차들은 왜 그 사이즈로 만들었을까? 그 이유는 바로 말 두 마리로 가는 마차에서 그 말 두 마리가 서로 같이 간섭을 하지 않고 편히 갈 수 있는 폭이기 때문이었다.

결국 이 4피트 8.5인치의 말 두 마리의 엉덩이 폭이 세계적인 표준이 되었고, 그 4피트 8.5인치의 기차 선로 위에 얹어서 우주기지까지 보내진 우주선의 엔진을 달고서 인간은 달까지 가게 되었던 것이다. 말 두 마리 폭의 표준이 편리하던 시절도 있었다. (스페인에서는 외적이 기차를 타고 침략하는 것을 막기 위해 독자적으로 궤도를 넓혀 기차가 영토로 들어오는 것을 막기도 하였다고도 한다.)

"그런데 처음 자동차를 만들 때 역시 차의 폭을 마차의 폭에 맞춰서 만들었던 모양입니다. 그게 편했겠죠. 그리하여 미국에서 만든 군용 지프는 전쟁 시에 타이어를 떼어 내고 기차 선로에 얹으면 바로 선로를 질주할 수 있는 호환성이 있었답니다."

그러나 이 비포장도로들은 시간이 가며 아스팔트 도로로 바뀌며 더 이상 4피트 8.5인치에 맞출 필요가 없어졌다. 물론 한동안은 계속 그 폭을 고집했던 것 같다. 하지만 모든 것은 다 바뀌어 버렸다.

꼭 새로운 여건이 되어서 그 틀이 바뀌기도 하지만 남들이 생각을 하지 못할 때 내가 먼저 기존의 관념을 돌파할 수 있는 능력이 성공의 기회를 높인다. 또 다른 예를 들어 보자.

1968년 멕시코 올림픽대회에서 미국의 높이뛰기 선수인 포스베리는 그동안의 모든 높이뛰기 선수가 배를 아래로 하고 뛰는 동작을 뒤집어 등을 바닥에 향하고 뛰는 우스운 동작을 하여 금메달을 땄다. 이 방식은 포스베리가 체조와 다이빙의 재주 넘기에서 힌트를 얻어 고안해 낸 도약 방법이었다. 포스베리가 금메달을 따는 날 이전까지 모든 선수들은 앞으로 뛰었으나 금메달을 딴 이후 모든 높이뛰기 선수들은 포스베리처럼 점프를 하고 있다. 이 도약법을 배면뛰기, 일명 포스베리 스타일이라고 부른다.

뭐든지 자꾸 바꿔 봐야 새로운 기회가 보인다. 중국의 속담에 "궁하면 변해야 되고 변하면 통하게 된다." 라는 말이 있다. 기회는 옮겨 다닌다. 지금 그 어딘가에 이미 새로운 기회가 시작되고 있는 것은 확실하다.

기본적으로 낙관적이어야 한다

알다시피 투자는 결국 싸게 사서 더 높은 시세에 파는 것이다. 장사 역시, 싸게 만들든, 싸게 사오든 간에 여하히 비싸게 파는 것이 목적이고 수익을 내는 법이다. 건설업이나 금융업, 그 밖의 서비스업 역시 이 개념에서 벗어나지는 않는다. 부가가치를 만들어 파는 것이다.

우리 주위에는 시종 조심스럽거나 기본적으로 비관적인 생각을 버리지 않는 사람들이 의외로 많이 있다. 매우 분석적이어서 그럴 수도 있을 것이다. 이렇게 조심스러운 것은 투자할 때는 중요하지만 싸게 사서 비싸게 사는 기회를 너무 어렵게 보지 않을까 걱정이 된다. 기업을 분석해 보거나 자세히 들여다보면 그 내용이 너무 취약해 보이고, 투자 대상이 부동산인 경우도 너무 많은 변수로 도대체 가치가 있을까 생각을 하게 된다. 혹자는 너무 많이 알아서 그런 게 아닐까라고 얘기한다. 이런 사람들에게는 그러면 돈이라는 것이 그렇게 완벽한 가치를 계속 가지고 있는 것인가를 묻고 싶다.

투자해서 한 번 손해를 본 경험이 있다면 이 사람은 시장에 대해서 기본적으로 부정적일 가능성이 아주 높다. 그 부정적인 생각은 평소에는 본인도 모르고 있을 수 있지만 투자한 대상이 시세가 내려가면 이 부정적인 생각이 떠오르게 된다.

이런 사람들은 장기에 걸친 주가 움직임이나 부동산 가격 동향을 많이 연구하기 바란다. 왜냐하면 이들 가격은 장기적으로 어김없이 올랐고 앞으로도 시간을 두고 보면 계속 오를 가능성이 높기 때문이다. 그 사이에 IMF도 겪었고, 대 그룹의 폐업도 있었고, 대형 금융기관의 부도나 어떤 나라들의 국가부도도 있었지만 대부분의 경우 해피엔딩으로 끝났다는 것을 알 수 있다.

1995년~1996년도에 입사해 증권사 지점에서 근무한 직원들은 의외로 증권업계에 많이 남아 있지 않다. 왜냐하면 이후 계속해서 시장이 내리막에 들어가 그로부터 3~4년간 코스피지수는 900대에서 IMF의 280대까지 줄곧 내리기만 했었다. 결국 그들의 뇌리에는 주식투자는 위험한 것이고 따라서 위험관리를 계속해야 하거나 단기매매를 해야 하는 대상으로 각인되었을 가능성이 크다. 그런 비관적인 기본 신념을 가지고서는 시장에서 성공하기 더 어려웠을 것이다.

1991년에 입사한 세대는 어떨까? 그와 반대로 2~3년간 시장이 좋았고 그 시장은 주가수익비율이 낮으면 올라야 되고, 주가순자산비율이 낮으면 무조건 사야 되는 그런 주식시장을 경험한 것이 필시 각인되었을 것이다. 상당히 기본적인 분석을 저변에 갖고 있는 경향이 크다. 어느 것이 옳다고 보기는 어렵지만 사람에 대해 불신으로 가득 찬 어린 시절을 보낸 사람보다 기본적으로 사람을 믿는 신의를 갖는 가정 분위기에 익숙한 사람들이 인생에서도 성공할 확률이 높다고 하는 이치와 같다고나 할까?

믿지 않으면 벌 수 없다. 여러분들의 투자는 그런 신념과 결국 잘될 거라는 생각이 가장 중요하다. 어차피 미래를 본 사람은 아무도 없다.

투자가 생활이자 습관이 되어야 성공한다

이탈리아의 불멸의 지휘자 토스카니니는 19세 때 한 오케스트라에서 첼로를 연주하고 있었다. 일개 무명의 첼로 연주자였던 그가 나중에 어떻게 대 오케스트라의 지휘자가 되었을까? 타고날 때부터 시력이 매우 안 좋았던 토스카니니는 악보를 제대로 볼 수 없었다. 그래서 아예 악보 전체를 통째로 암기하고 다니던 어느 날, 연주회에서 지휘자가 갑작스러운 사정으로 지휘를 할 수 없게 되는 상황이 발생한다. 단원 중에 유일하게 전체 악보를 다 외우고 있는 토스카니니에게 기회가 온 것이다. 자신의 악보뿐 아니라 다른 연주자의 것까지 다 꿰고 있던 토스카니니는 이렇게 무명의 첼로 연주자에서 일약 오케스트라의 지휘자로 변신을 한다. 눈이 나빠서 남들보다 더 많은 노력을 한 것이 토스카니니의 음악인생에 큰 기회를 만들어 준 것이다. 축복은 준비된 자에게 오는 것 같다.

이렇게 '자고 일어나니 유명해져 있더라'라는 옛 시인 바이런의 말 같은 성공 사례는 많이 있지만 의외로 그 한 번으로 그친 경우가 거의 대부분이다. 우연한 조연배우의 피치 못할 사정으로 캐스팅된 무명배우의 반짝 성공, 하지만 그 성공 이후에는 별로 활동 소식을 들을 수 없는 경우가 그런 경우이다. 토스카니니와 무명배우, 이 둘의 차이는 미리 준비가 되어 있었느냐의 차이일 것이다. 준비되지 않은 무명배우에게 온 기회와 그 우연한 성공이란 오히려 그의 인생 전체를 놓고 보면 결과적으로 재난으로 자신에게 다가올지도 모른다. 이제는 본인이 느끼기에 인생의 내리막밖에 없다고 절망하면서 살게 될 수도 있다.

그동안 눈길을 끌지 않던 중년의 배우가 갑자기 인기를 얻는 경우도 있다. 모르는 사람이 보면 한마디로 쉽게 뜨는 것처럼 보이는데 더 들여다보면 그에게는 기약 없이 기다리던 기나긴 무명의 시절이 있었다는 것을 알 수 있다. 성공을 하기 위한 기약 없는 무명의 시간. 투자도 이런 무명의 어려운 시절이 조금은 필요하다. 그 시간은 준비를 하면 되는 것이다.

미래는 준비된 자의 것이라고 사람들은 얘기한다. 그리고 사랑도 준비된 자의 것이고 성공도 준비된 자의 것이며 그렇다면 투자도 예외는 아니다. 아무런 준비 없이 시작한 일, 너무 쉽게 이룬 성공, 이런 것들은 전체를 놓고 보면 일어나지 못하느니만 못한 것 같다. 투자의 세계에서는 더욱 그렇다.

객관적인 숫자만이 좌우할 것 같은 투자의 세계에 의외로 투자자들의 심리가 그것을 좌우하는 것을 알 수 있다. 투자를 하고 또 그 투자를 회수하는 것이 모두 돈이고 숫자일 것 같지만 결국은 사람들의 판단이고 생각이다. 경제도 결국은 사람의 생각이 모여서 움직이는 것이고 보면 이 투자 시장도 결국 사람의 생각에 의해 좌우된다. 따라서 투자 시장에서 가장 중요한 것은 첫째 나 자신의 생각이고, 둘째 다른 사람들의 생각이다.

"내 생각은 내가 잘 알 수 있겠는데 다른 사람들의 생각은 어떻게 읽나요?"

이런 질문을 참 많이 받게 되는데 사실 이 질문은 잘못된 것이다. 실제로 내 생각을 내가 잘 안다고 생각할지 몰라도 내가 생각하는 방법을 내가 이해하고 있는 것과는 매우 다르다. 상황에 따라 같은 것에 대한 나의 생각은 다르다. 그 이유는 생각의 방법이 매번 내가 생각하고 싶은 대로 바뀐다는 데 있다. 만약 나 자신의 생각의 변화를 스스로 완벽하게 알아차릴 정도가 되는 사람이 있다면 그는 성인이라고 해도 과언이 아닐 것이다. 그는 투자에서 완벽하게 객관적일 수 있는 것이다.

그럼 다른 사람들의 생각은 어떻게 알아낼까? 이것도 역시 알아내기는 쉽지 않지만 그들의 생각은 어느 정도 그들의 행동에서 많은 힌트가 나온다. 그 정도면 투자하는 데 필요한 정보로는 족할 것 같다. 유심히 시간을 갖고 지켜보면 그들의 행동은 과거의 반복일 경우가 많고,

무엇보다도 다른 사람들의 생각을 보는 나 자신이 객관적인 관점을 가지고 있다면 다른 사람들의 생각을 읽는 것이 내 생각을 아는 것보다 쉬울 수 있다.

투자는 이렇듯 크게 나누어 나 자신의 능력 과신과 시장이 어려울 때의 공포를 이기면 성공할 가능성이 높아진다고 볼 수 있다. 그런데 이 두 가지 경우 모두 자신이 자각을 하지 못하고 주위의 조언도 그다지 들으려 하지 않는 상황이라는 데 문제가 있다. 자기의 실력을 과신한다면 남의 말을 들으려 하지 않을 것이고, 공포감 역시 이것을 느끼는 사람은 남의 생각을 받아들이기에는 너무 공포의 고정 편견에 휩싸여 있게 되어 있다. 그럼에도 경험이 짧은 데서 오는 편견과 나만의 계산과 내 생각의 굴레에 씌어 있는 여러 가지 편견들을 벗어나 객관적인 시각을 견지하는 것이 필요하다. 사실 이런 편견적인 것을 느끼지 않는 사람은 상당히 냉정하고 흥분도 쉽게 하지 않는 인간일 것이다.

그리고 투자란 어느 한 시기만 하는 활동이 아니고 평생을 살며 부단히 관심을 갖고 마인드를 키우는 것이다. 투자는 결국 경제활동이므로 경기 변동이라는 그 흐름을 항상 눈여겨 활용을 하는 것이 좋고 그것은 비단 투자뿐 아니라 사업 등의 모든 경제적인 판단에도 매우 중요하다. 이 투자 활동은 생활이며 곧 습관이 되어야 성공한다.

내 생각의 변화를 느끼며 이 숲을 보자.